网络洗钱现状分析及对策研究

付 雄 ● 著

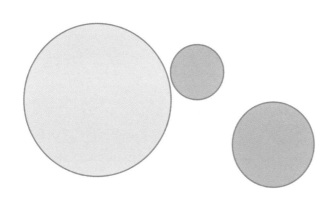

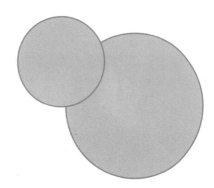

中国社会科学出版社

图书在版编目（CIP）数据

网络洗钱现状分析及对策研究/付雄著．—北京：中国社会科学
出版社，2012.5

ISBN 978 - 7 - 5161 - 0778 - 2

Ⅰ.①网…　Ⅱ.①付…　Ⅲ.①洗钱罪—预防犯罪—研究
Ⅳ.①D914.04

中国版本图书馆 CIP 数据核字（2012）第 075310 号

网络洗钱现状分析及对策研究　付雄著

出 版 人	赵剑英
策划编辑	冯　斌
责任编辑	丁玉灵
责任校对	李　莉
封面设计	郭蕾蕾
技术编辑	戴　宽

出版发行　**中国社会科学出版社**

社　　址　北京鼓楼西大街甲 158 号　　邮　编　100720

电　　话　010 - 64073831（编辑）　64058741（宣传）　64070619（网站）

　　　　　010 - 64030272（批发）　64046282（团购）　84029450（零售）

网　　址　http://www.csspw.cn（中文域名：中国社科网）

经　　销　新华书店

印　　刷　北京市大兴区新魏印刷厂　　装　订　廊坊市广阳区广增装订厂

版　　次　2012 年 5 月第 1 版　　　　印　次　2012 年 5 月第 1 次印刷

开　　本　710 × 1000　1/16

印　　张　12

字　　数　210 千字

定　　价　38.00 元

序

    随着全球一体化的进程，反洗犯罪倍受关注。付雄博士在著作中，对反"洗钱"在法律和技术这两个层面概括性总结和有益的尝试性研究，他不仅分析了国际和国内洗钱犯罪活动各种方式，阐述了我国在反"洗钱"领域的现状、成果以及不足之处，并提出了有针对性的法律对策与技术对策。值得肯定的是，作者对于反洗钱的技术手段进行了定量分析与实验，使其更具有操作性，对于反洗钱技术的发展具有积极意义。

    早期传统洗钱方式比较简单，主要包括通过金融机构、地下钱庄进行洗钱；通过投资现金需求量大的行业进行洗钱（比如购买房地产、贵重物品等）；通过国际汇兑、国际贸易进行洗钱等。这些方式一般通过当事人面对面完成。而近些年来随着电子商务和网络技术的突飞猛进，洗钱开始向网络化发展。网络洗钱包括利用网上银行洗钱，利用在线销售服务、网络赌博、网络保险、网络证券以及网络理财洗钱等。网络银行是一种采取匿名机制金融服务。资金在消费者之间直接转移，客户与银行之间的联系由原来的直接接触变成了间接接触，这给犯罪人带来了"福音"，网络洗钱比传统的洗钱方式更加快捷和"安全"。由于网络技术的匿名性和加密性，使得传统的反洗钱审查措施性大打折扣。

    "洗钱"这种大规模资金转换的方式对于一国经济的发展具有致命的危害，它影响到金融市场的稳定性、损害金融机构的声誉以及正常的经济交易秩序等；影响到社会治安环境、滋生腐败行为、损害社会公平等等。

    针对洗钱犯罪活动的严重社会危害性，各国纷纷制定法律加以控制和防范，我国刑法 191 条明文规定了洗钱罪"行为人明知是黑社会性质的组织犯罪、毒品犯罪、恐怖活动犯罪或者走私犯罪的违法所得及产生的收益，而为其提供资金上的账户平台，或者协助将其财产转换为现金或者金融票据，或通过转账、其他结算方式协助资金转移，或将资金汇出境外，或以其他方法隐瞒、掩饰犯罪的违法所得及其收益的性质和来源的行为。"我国反洗钱刑事立法不断完善，该反洗钱法的诞生，适应了全球化时代下反洗钱斗争的需要，具有划时代的意义，标志着我国的反洗钱立法从无到有，从不成熟逐步走向成熟。为了学习借鉴国外先进的立法经验，进一步完善我国反洗钱立法，以便更加有效地预防和惩治洗钱犯罪，作者分别对英美法系国家如英国、美国，大陆法系国家如瑞士、德国，俄罗斯联邦等国，以及我国四法域关于洗钱罪构成要件进行比较分析，并提出完善设想。

作者对洗钱罪的属性进行了分析，包括客体、客观方面、主体、主观方面等。并指出洗钱罪与一些相关犯罪的区别，比如赃物犯罪、窝藏毒品与毒赃罪、包庇罪、巨额财产来源不明罪等。

针对当前高科技网络洗钱犯罪猖獗，作者着重分析了网络洗钱的难点；网络洗钱的匿名性对反洗钱斗争产生的障碍；隐蔽性对异常支付交易的监测的制约；无国界性对反洗钱合作的难度；即时性对反洗钱斗争的挑战。

尽管目前反网络洗钱斗争面临严峻挑战，但是国际反洗钱斗争的法律措施、技术手段在不断完善，例如在金融机构采取的报告员制度，在法律层面进一步加强监管力度，处罚措施更为严厉；在技术层面，利用计算机分析、捕捉网络洗钱犯罪的蛛丝马迹等等。作者借鉴国际上的先进经验，结合我国的实际情况，提出强化和完善网上保险和网上银行等法律制度；对网上金融市场进行一定的限制；建立信息披露制度，网上交易相关信息对于授权的监管部门开放，以便监督和查阅。在技术手段上利用信息共享技术、智能监测、数据挖掘、智能代理技术等识别网络洗钱活动。

对于反洗钱的技术研究，学术界已经历了三个阶段：第一个阶段为诈扫描，第二个阶段主要围绕交易规则、数据挖掘、神经网络等进行反洗钱技术研究；第三个阶段则是以智能代理技术手段整合基于案例推理、数据挖掘、神经网络、模糊逻辑等各项技术而构成的反洗钱技术。该书研究的一个重要内容便是反洗钱技术的仿真实验，作者基于 Agent 的熵矩阵关系图挖掘理论寻求从海量数据中挖掘其内在机制，从而实现可疑交易内在特殊机制的自动判别能力。通过仿真实验的结果可以看出，经处理后，能够在一个较为明显的阈值内进行洗钱交易行为的判断。

至此回顾整书，感觉由于时间和条件关系，作者所做的工作仍有其局限性，仍有许多相关法制研究和技术应用需要拓展，希望作者能继续关注此课题的研究进展，坚持在该领域进行更深入的研究，以便有新的发现、新的贡献。

是以为序。

莫洪宪　于武汉大学枫园

2011 年 7 月 8 日

目　　录

第一章　洗钱及网络洗钱概述

第一节　洗钱的辞源考察

洗钱附着于大规模贪利性犯罪，伴随着各类经济犯罪的日益猖獗而迅猛发展。据有关资料显示，世界每年要消耗 800 吨毒品，其营业额在 4000 亿—5000亿美元，是仅次于军火的第二大交易。全世界大约有 1 万亿美元的毒钱在国际金融系统中流通，而这一数字又以每年 800 亿—1000 亿美元的速度增长。有关人士统计，全世界每年洗钱数额超过 1 万亿美元。①

洗钱活动与有组织犯罪紧密相连。在 20 世纪 20 年代美国芝加哥等城市出现了以阿里卡彭、约·多里奥和勒基·鲁西诺为首的庞大的有组织犯罪集团，他们实施卖淫、勒索、走私、赌博等犯罪活动，获取了巨额经济利益，为使犯罪收益能够合法地消费和使用，该集团的一个财务总管购买了一台投币洗衣机，开了一家洗衣店，对外做洗衣服务的生意并收取现金。在向税务机关申报纳税时，将犯罪所得收入混入洗衣店的合法收入之中，这样，通过合法纳税行为将犯罪所得变成了貌似合法的收入。②

"洗钱"一词是由英文"Money laundering"直译而来，意大利语则将其称为"Riciclaggio"，意即再循环，而西班牙语称"Blangueo"，意指漂白。"洗钱"最开始的意思就是把脏钱洗干净。现代的洗钱概念已经脱出这个原来的含义，引申为把"不洁净"、非法收入或者财产的来源，通过各种手段使其合法化。这些"不干净"、来源非法的收入或者财产，通常被认为是"赃钱"、"黑钱"。现在所谓"清洗"也不再是经过化学药剂除污，而是通

---

① 参见李德、张红地《金融运行中的洗钱与反洗钱》，中国人民公安大学出版社 2003 年版，第59 页。

② 参见白建军《金融犯罪研究》，法律出版社 2000 年版，第 528 页。

过金融系统将资金从一个账户转移或者支付到另一个账户，以掩盖资金的所有权和真实来源。关于洗钱的来源，有以下三种说法。

一　清洗硬币说

洗钱的起源，有多种说法。有一种说法是，20世纪，美国旧金山的一个餐馆老板弗朗西斯，看到店里每天流通的硬币沾满油污，怕弄脏顾客的手套，所以把这些硬币清洗一遍，使其像新的一样，这就是当初的洗钱。

二　赌场黑钱说

第二种说法，1932年一名叫迈耶·兰斯基的人，到瑞士银行以当时美国路易斯安那州州长名义开立了一个秘密账户，后来将此账户的钱作为允许他在新奥尔良开设赌场的回报，并以此进行行贿。

三　洗衣店洗钱说

第三种是流传最广的说法，据说在20世纪20年代，在美国的工业中心芝加哥产生了一个以阿里·卡彭为首的有组织的犯罪集团，这个犯罪组织中有一个财务总管，为隐瞒、掩饰这些非法收入，开设一家洗衣店，为顾客提供洗衣服务，收取服务费。他给税务机关纳税时，将洗衣店的合法收入和犯罪组织的非法收入混在一起，把非法收入作为合法收入申报，这样纳税以后所得收入就成为合法收入，以此将"黑钱"洗清。[1]

第二节　洗钱的定义

洗钱行为在国际上被认为是一种在经济活动中，有意进行或协助进行隐匿或掩饰其非法资产的性质、来源、位置、处置、转移、控制关系或所有权的行为。洗钱行为的本质是欺诈和隐藏。[2]

网络洗钱是指在网上银行或其他金融机构提供的网络金融服务平台以及利用开环型电子货币、电子付款系统等电子支付工具进行洗钱的行为。网络洗钱开始主要是通过银行间电子资金划拨系统，如环球同业银行金融电信协

---

[1]　参见莫洪宪、叶小琴《洗钱罪的若干问题》，载《江苏公安专科学校学报》2001年第5期。
[2]　参见莫洪宪、郭玉川《有组织犯罪的界定》，载《国家检察官学院学报》2010年第2期。

会（Society for Worldwide Interbank Financial Telecommunication，SWIFT）等专用网络来进行。随着互联网技术的广泛应用，洗钱犯罪行为已发展到更高层次的互联网洗钱。互联网洗钱的主要形式包括：网络赌博、网络银行、电子货币（包括智能卡）等。① 除了上述三种主要互联网洗钱方式以外，还有在互联网上开展的与电子商贸服务等结合在一起利用网络作为资金运作通道的洗钱方式，如网络"前台公司"和网络"空壳公司"等。此外，网络理财、网络保险、网络证券等都可以作为洗钱的工具。

第三节　传统洗钱形式

随着毒品、走私等有组织犯罪以及贪污腐败等职务犯罪出现越来越严重的趋势，洗钱作为这些上游犯罪的下游犯罪，其活动也日益猖獗，主要包括以下几个途径。

一　通过金融机构进行洗钱

这里所说的金融机构，主要是指各商业银行和中央银行，另外，还包括农村信用社、保险公司、城市信用社、证券交易所、邮政储汇机构、黄金交易市场、外汇交易市场等。② 这些组织、机构的共同特点是：国家机关对他们的业务有着严格的监管措施和规章制度约束。对于犯罪人员来说，通过以上各种机构进行洗钱虽然有着被打击、监控、揭露的风险，但是相对于其他途径来说又有着速度快、损耗少等优点，因此在我国现阶段，相当一部分赃款还是通过传统的洗钱方式，即通过各个银行进行"漂白"③。

二　通过地下钱庄及民间借贷进行洗钱

"地下钱庄"是对从事非法金融业务的一类组织的俗称，属非法金融机构，主要分布在福建、广东、浙江等经济发达、对外经贸和人员往来频繁的沿海地区。"地下钱庄"的业务范围主要包括非法的跨境汇款、汇兑、放贷、

---

① 参见何萍《洗钱与高科技——洗钱犯罪的新动向：从现实世界到虚拟空间》，载《法学》2003 年第 2 期。

② 参见马克昌《金融诈骗罪若干问题研究》，载《人民检察》2001 年第 1 期。

③ 参见康均心、刘爱军《经济全球化下有组织犯罪发展的新特点》，载《贵州警官职业学院学报》2002 年第 4 期。

吸储、高利贷和抵押等。基本组织模式主要有三种：家族型（组织成员间是家庭成员和直系亲属的关系）、网络型（信誉好的大钱庄带动若干小钱庄，形成网络化经营）、壳公司型（常以咨询公司的名义做掩护，只需电话、租房、传真机就可开业）。这种非法的组织形式，通过"地下钱庄"进行的洗钱犯罪活动，天然的和洗钱犯罪勾结在一起，必然在很长一段时间内，是我国公安经济侦查部门予以重点打击的对象。如在 2005 年我国和马来西亚联合破获的福建泉州蔡怀泽、蔡建立洗钱案中，犯罪分子就是以通过菲律宾地下钱庄将钱汇入我国境内地下钱庄，然后取现等方式，将贩卖毒品所得的赃款"漂白"的。[①]

三 通过非金融机构进行洗钱

一些带有金融性质的机构或单位，如：中介抵押公司、财务公司、典当行、珠宝古董店、租赁公司等，与银行对比，监管力度要薄弱很多，但也存在着数额小、手续复杂、资本出境难等不利于洗钱的诸多因素。同时，一些犯罪分子会安排他人或者亲自开餐饮俱乐部、设典当行、租赁公司、电影娱乐城，甚至地下赌场等，将自己的犯罪所得清洗干净。特别是一些腐败官员常常安排自己的亲属开办公司、企业、商店等，投入自己贪污受贿的赃款，以取得其"巨额财产来源"的合法解释。[②]

随着洗钱犯罪的不断专业化以及我国政府监管的日益严格，一些地方出现了专门为洗钱而设立的地下钱庄，这些地下钱庄主要在内地和香港之间提供转移黑钱的服务，国内很多大案要犯如：远华案中的赖昌星等，都是地下钱庄的主要客户。还有一些犯罪分子通过民间中介把黑钱放贷给一些小企业，待资金回收的时候要求其把资金打入指定的账户，再由关联企业以投资的形式进行洗钱。[③]

四 投资现金需求量大的行业进行洗钱

将犯罪所得用于再投资是国内犯罪人员运用最为广泛的形式之一。这些投资主要集中在娱乐城、酒店、酒吧、赌场等现金使用量大而且高回报的服

---

① 参见李琪《洗钱罪立法比较研究》，硕士学位论文，上海交通大学 2008 年版。
② 参见康均心《犯罪及其控制的经济分析》，载《武汉大学学报（哲学社会科学版）》2008 年第 2 期。
③ 参见朱静《国际反洗钱法律制度研究》，硕士学位论文，西南政法大学 2007 年版。

务性行业，然后把犯罪所得收入混到合法收入中一并纳税，从而成为合法收入。由于这些行业所针对的客户不是特定的个体人群，所以政府检查该场所申报的营业额是否属实是比较困难的，犯罪分子正是利用这个特点来洗净黑钱。当然，这个方法也有个令犯罪分子不满意的缺点，那便是洗钱的周期比较长，对那些急需在短期内洗净大批资金的犯罪人员来说，这个方法并不适用。

五　通过购买房地产进行洗钱

在房地产市场，存在着大量的洗钱行为，这已经是业内公开的秘密，很多人将房地产作为载体，把来历不正当的黑钱由货币形态变为实物形态。这些人购房的目的不仅仅是为了改善住房条件，也不仅仅是为了投资赢利的需要，最主要的目的就是为了洗钱。怎样辨别洗钱资金和正常资金呢？洗钱的资金大多是以现金的方式支付的，所以凡是以大额现金（100 万元以上）支付的房款就可以视同黑钱或有黑钱的嫌疑。在国际上，一般把大额现金交易看做黑市交易，因此，大额现金支付行为成为各国反洗钱组织重点监察的对象。

选择房地产作为洗钱工具，主要原因有五：一是因为房地产（尤其是豪华地产）单价高，便于大额资金进入；二是房价不断上涨，使房地产的保值、增值功能强化；三是中国的房地产行业信息透明度太低，全国联网的房地产登记系统还没有建立起来；四是中国房地产税收体系不完善，只有流转环节的税种，没有持有环节的税种，因此，持有不动产没有成本；五是中国反洗钱工作比较薄弱，还没有将房地产行业列入反洗钱的重点领域。[①]

六　投资及投资流动性强的贵重物品

有时候，因为金融监管严密，犯罪分子很难在短时间将大量的现金变成银行存款。他们会另寻他途，用现金购买一些流动性强的贵重物品：如古董、贵金属等。毕竟，庞大的现金对犯罪分子来说是很危险的，而贵金属等贵重物品变现能力强，流动性强，走私方便，便成为一个很好的选择。"9·11 事件"后，世界各国冻结与"基地组织"有关的资金和账户，但是后来人们发现并没有收到很好的效果，原因就是基地组织成功的洗钱方式。他们将大量的现金用于购买黄金和宝石，以便储备，而这些商品具备很强的流通

---

① 参见李琪《洗钱罪立法比较研究》，硕士学位论文，上海交通大学 2008 年版。

性和变现能力，有关部门很难追踪。①

七　通过国际汇兑进行洗钱

随着电子汇兑的逐渐兴起，国际汇兑也变得更加快捷，由于各国监管制度的差异，使得犯罪分子有机会利用这些差异实施洗钱。信用卡的广泛应用也为洗钱犯罪分子打开了方便之门，由于信用卡能允许持卡人进行透支，洗钱犯罪分子就可以把大额的犯罪所得拆分成若干部分，经过与多家金融机构进行数次交易来洗钱。洗钱犯罪人员只要把每次透支交易的数额控制在监管报告额度以下，就可以达到安全洗钱的目的。②

八　通过国际贸易进行洗钱

有的洗钱犯罪分子为使其非法收益合法化，利用对外贸易，用高昂的价格购买某种劣质产品甚至废料等，将钱汇给在国外的"卖主"，以这种方式将非法资金转移出去，经过买卖关系的流转，使其披上合法外衣。洗钱者在与境外企业交易时，和外方相互串通，高价购进设备和材料而后低价销售出去，差额部分则汇入其海外个人账户。也有犯罪分子利用欺诈性国际商业交易来掩饰或者隐瞒犯罪收益。洗钱犯罪分子先将犯罪收益存入 A 国银行并使用这笔钱购买信用证，然后将该信用证用于某项虚构的从 B 国到 A 国的商品进口交易，最后用伪造提货单在 B 国的银行兑换成现金。③

九　通过空壳公司进行洗钱

所谓的空壳公司，是指犯罪分子在国外设立，但是没有进行注册、没有实际经营的公司。这些公司虽然没有经营权，但是却可以以公司的名义开设账户，而犯罪分子正是利用这样的账户来把犯罪所得进行多国流转，犯罪所得经过多个银行流转之后，黑钱就披上了合法的外衣。或者更为直接一点，以空壳公司的名义做虚假交易，伪造业绩，虚报收入，然后把犯罪所得以经营收入的名义申报税收，完税后，犯罪所得就变成正当收入了。④

---

① 参见朱静《国际反洗钱法律制度研究》，硕士学位论文，西南政法大学 2007 年版。
② 参见肖永平《国际私法原理》，法律出版社 2003 年版，第 40 页。
③ 参见梁英武《支付交易与反洗钱》，中国金融出版社 2003 年版，第 58 页。
④ 参见朱静《国际反洗钱法律制度研究》，硕士学位论文，西南政法大学 2007 年版。

第四节　网络洗钱形式

网络洗钱是近年来新兴的一种洗钱方式。随着电子商务和网络技术的突飞猛进，洗钱开始向网络化发展。从 1995 年 10 月 18 日全球第一家网络银行在美国成立以来，网络银行在世界范围内快速发展。目前，全球互联网上设立网站的银行在全球的数量已超过 4000 家。人们可以轻松地通过互联网进入网上银行和金融机构进行电子交易，取得跨国金融服务。网络银行在降低成本、提高金融服务效率和扩展业务范围的同时，为洗钱者提供了新的工具，网络的高速度、隐蔽性以及跨国性等特点也使其成为洗钱分子的天堂。

网络银行是采取匿名的机制，资金在消费者之间快速方便转移，客户与银行之间由原来的直接接触转变成了间接接触，传统的反洗钱审查措施的力度就因此大打折扣，这也使网络洗钱比传统的洗钱方式更加快捷和安全。如：电子交易结算系统就具备这种只认"证"不认"人"的特点，它主要是通过对公私密钥、证书、数字签名的认证来确定交易双方的身份。认证各方只能查证交易各方的身份以及需求方卡上的余额，而不可以审查卡上金额的来源和性质，网络洗钱正是这样进行。此外，信用卡以及电子现金等电子支付手段的发展与普及，也给洗钱者带来了福音。电子货币尽管方便快捷，但其匿名性的特点，无疑提升了洗钱的"安全性"。

更有甚者，一些洗钱分子利用网络赌博来洗钱。网上赌博是随着国际互联网发展起来的一种新型在线赌博方式，它充分利用计算机和通信技术，在虚拟的网上设立赌场，其相对于传统赌场有着不可比拟的方便性和快捷性。只要有网络接口，它就能让一个人在任何时间、任何地点匿名地走进网络大赌场。据保守统计，2001 年，全球范围内各种类型的博彩网站就已经达到 1400 个，年营业额高达 31 亿美元，到 2003 年，其营业额已上升到 64 亿美元。洗钱者只需在这些赌博网站开设一个账户，随后将其赃钱放入其中，洗钱最重要的第一步就完成了。更糟糕的是，许多赌博网站对客户存款来源背景从不过问，甚至允许客户使用现金开设账户，等到网站把其账户里的钱以网站的名义、用支票的形式返回洗钱分子，整个洗钱过程就顺利结束了。

可以看出，在短短的几十年里，洗钱犯罪从无到有，从简单到复杂，其危害和影响正随着时代的发展在不断地扩大，其形式也越来越复杂多样，这也是为什么越来越多的国家和地区重视反洗钱工作的原因。① 相比其他的传统犯罪，洗钱犯罪虽然具备鲜明的特点，但同时也更加复杂，可以说，反洗钱事业任重而道远。

以下详细分析目前主要的网络洗钱形式。

一　利用网上银行洗钱

1995 年，在美国，全球第一家网上银行——安全第一网上银行（SFNB）建立并开始运营，由此揭开了银行业发展的新时代。短短数年间，"网上银行"、"电话银行"、"手机银行" 等电子银行便迅猛发展起来。据相关资料显示，2002 年发达国家网上银行业务比重占到了 15%，2005 年这一比重预计将上升到 30%。②

电子银行业务泛指通过电子化网络通信技术从事和银行业相关的活动，电子货币行为和电子银行业务也包括在其中，是通过电子渠道提供的与银行有关的产品和服务，提供产品和服务的方式包括商业 ATM 自动取款机、POS 机终端、个人计算机、电话自动应答系统、智能卡等设施。它是银行借助客户的普通电话、个人计算机、掌上电脑、移动电话等通信终端或其他智能设备，通过银行内部的电脑局域网络或专用线路网络、因特网或其他公共网络，向用户提供金融服务的一种高科技方式。

电子网络银行相对于传统银行具有独特的优势，它所提供的金融服务不受场所、时间的限制；客户不需要亲自到银行，就能办理相关手续及业务。电子银行具有的这些特点，虽然让金融服务更加便捷而高效，但也让金融监管失去了应有的效力。可以说电子银行的匿名性、开放性、服务的不间断性使资金的流动更加隐蔽，客观上为犯罪分子利用电子银行业务进行洗钱带来了可能。将黑钱通过电子银行清洗自然要比通过现实银行清洗方便安全得多，它可以更隐蔽地切断资金走向，掩饰资金的非法来源，因此成为洗钱犯罪最为青睐的方式。意大利西西里墨西纳大学有位教授说："互联网可以是一种威力巨大武器，它不需要第三方，所以也不用去找一个被腐败的银行家。这种技术很快被意大利的黑手党掌握，对他们来说，让一切消失于无形正变得如此的简单。"③

---

① 参见朱静《国际反洗钱法律制度研究》，硕士学位论文，西南政法大学 2007 年版。
② 参见陈学文《网上银行洗钱犯罪的金融防范》，《湖南人文科技学院学报》2005 年第 4 期。
③ 参见孟建华《电子银行业务中的洗钱与反洗钱》，《新金融》2006 年第 1 期。

利用电子货币洗钱。随着计算机和网络的推广普及，电子商务正成为 21 世纪的贸易和主流商业形式。而电子货币便是电子商务的核心，它是在商务活动中产生并在电子信用基础上发展出来的一种新的支付和流通手段。

电子货币主要有：信用卡型和储值卡型，比如信用卡和储蓄卡；智能卡型，比如 IC 卡；电子支票型，电子支票是指启动支付过程后，计算机屏幕上就会出现支票图像，出票人使用电子方式做成支票并进行电子签名从而可以出票；数字现金型，是指依靠互联网支持在网络上购买、发行、支付的数字现金。① 电子货币最主要的特点是现金无纸化和数字化，资金的转移非常方便快捷，且无影无踪。利用电子货币洗钱已经成为一种新的洗钱方式，而且这种洗钱方式对反洗钱工作提出了极大挑战：

一是无法确认客户身份。电子交易支付系统对于交易双方身份的确认，与传统的盖章签名不一样，主要是通过对数字证书、公私密钥、数字签名的认证完成的，就是只认证而不认人。电子货币等支付工具的高科技加密技术，虽然可保护客户的隐私权，为客户的资金提供了安全保障，但是也为调查和惩治洗钱犯罪带来了较大的困难。如果有关信息内容被加密，执法机构就很难知道该信息的目的地和来源地，以及是否包含电子货币有关转移行为，更无法在短时间里追踪和调查洗钱犯罪。

二是不容易发现洗钱的痕迹。电子货币在使用过程中，客户无须面对银行业务人员、信托柜台完成支付交易，只需要通过国际互联网，对相关计算机进行简单操作即可完成。② 如果银行没有详细的交易支付报告系统，便无法从浩繁的电子支付交易中查找可疑交易，因而洗钱成功率高，还很难被发现。

由此看来，电子货币的匿名性、无形性、无地域性、快速性等特点为洗钱犯罪活动提供了极大的方便，也给控制、防范和侦查洗钱犯罪活动带来了很大的障碍，必须引起高度重视。

二 利用在线销售服务洗钱

现在网上购物、在线交易已十分普及，③ 蓬勃发展的网上交易同样受到

---

① 参见刘颖《货币发展形态的法律分析》，《中国法学》2002 年第 1 期。
② 参见皮勇《从计算机犯罪到网络犯罪：互联网对刑法的冲击》，《网络信息安全》2007 年第 2 期。
③ 参见陈娟《我国电子商务发展现状及趋势分析》。http：//www. hzhr. com. cn/xqzx/ haoshu/ 200604/1022. html。

洗钱犯罪分子的欢迎。洗钱者以在线销售为幌子，可以方便地实现自买自卖，他们往往通过网上购物再转售的方式，将黑钱洗白。例如，以贪污而获取大量黑钱的某甲，先将其非法所得用于网上购车，购得后，再转手给某乙。当某乙的购车款打入某甲的电子账户后，某甲便成功地取得了合法收入。据国际著名咨询公司 Forrester 估计，2002 年全球电子商务交易额大约为22935 亿美元，到 2006 年达到 12.8 万亿美元，占全球零售额的 18%。

洗钱者也可以通过网络公司、网络店铺等方式进行洗钱。比如一个方法是先设立一家公司，并且该公司提供的服务可以通过网络支付；洗钱者利用他们的服务，使用属于他自己控制的账户（账户中包含犯罪收益部分）的信用卡或借记卡对提供的服务付款，并由该公司向信用卡公司出具发票。就这样犯罪收益变成了公司提供服务的报酬。在这种洗钱过程中，洗钱者实际上仅仅控制出具发票的账户以及通过网络提供服务的公司，对于网络服务提供商（ISP）、信用卡公司还有犯罪收益清洗前所存的银行来说，都没有任何理由怀疑这些活动，因为他们只能看到整个过程的一部分。另一个方法是一些犯罪集团通过注册合法的身份或企业，以电子商务的形式将犯罪所得的"黑钱"转化为"正当"收益，或直接将犯罪所得汇往他们在境外开办的"网上公司"，这比传统的洗钱方式更为隐蔽、快捷和"安全"。互联网上的网络公司、网络店铺、二手市场数不胜数，且缺乏规范的管理，洗钱者隐藏其中，很难被发现。

三 利用网络赌博洗钱

随着互联网技术的日新月异，网络赌博目前也正以惊人的速度向前发展。1995 年 8 月 18 日，第一家网上赌场——互联赌博公司开始运营，标志着一种新型的赌博方式的诞生。目前，已经有 50 多个国家赋予了网络赌博以合法的地位。据统计，1997 年全球大约有 50 个不同类别的博彩网站，到2001 年，不同的博彩网站数目已达 1400 多个，并不断大幅增加，且分布于世界各地。[①]

当前来看，通过赌博网站进行洗钱主要有以下方式：一是用犯罪收益在合法的赌博网站上匿名开立账户进行赌博，将"白钱"和黑钱混淆。许多犯罪集团在把钱款汇入这些赌博网站开设的账户后，一般象征性地先赌上一两

---

① 参见束剑平《关注利用网络赌博洗钱》，《人民公安》2005 年第 5 期。

次，然后就让网站把自己账户里的钱再以网站的名义开出一张支票退回来。如此一来，一笔笔数额巨大的"黑钱"便轻易地"洗干净"了，这样"黑钱"最终就披上了合法的外衣。二是利用犯罪收益购买赌博筹码，进行几次赌博之后，再让赌场将筹码兑换成支票，从而达到将黑钱洗白的目的。三是通过在这些赌博网站开设一个账户，然后将来源不同的资金汇入这个账户，将此作为黑钱天然的临时隐蔽场所。加上许多赌博网站对他们客户汇款来源的管理非常松散，一旦时机成熟，洗钱者便向赌博网站提出取消账户的要求，并让赌博网站以银行汇票或支票的方式将账户上的余款退回给他们，这样就完成了将黑钱洗白的过程。

网络赌博的兴起使精明的洗钱者很快嗅出了其中蕴藏的巨大洗钱机会。2002年美国法律执行委员会在相关年度报告中说："网络赌博就是洗钱的'快车'。钱的流动快，数目大，还具有国际性，并且赌点多在相对偏远地区，这些特点使网络赌博极容易成为洗钱的工具，并很难抓住证据。"因而，网络赌博这一洗钱途径，对洗钱者吸引力越来越大。

四 利用网络保险洗钱

随着网络的发展以及银行业反洗钱力度的加大，洗钱行为已经开始向保险业渗透。洗钱者主要利用网络通过保险公司、保险中介、地下保单三条渠道来操作。通过保险公司洗钱主要有直接利用保险产品和寿险业务退保洗钱、通过批改保单要素以满期给付方式洗钱、利用违规退费洗钱等方式洗钱；通过保险中介主要是作为保险公司洗钱渠道的延伸，或者为保险公司商业贿赂提供渠道，或者帮助保险公司套取手续费，这也是网络保险洗钱的主要方式；地下保单指的是境外保险公司未经中国保监会批准而向内地居民销售的保单。近年来，香港市场寿险保费收入约有1/3来自内地，约合140亿元。① 随着地下保单的出现，一些不法分子也可能通过非法购买境外保险来将"黑"钱洗"白"。

网上保险是比银行保险更新的营销方式，投保人通过网络在线投保，在线支付保费。虽然网上保险需在网下补办相关手续，但根据电子签名法的规定，保单已经生效，投保人可以退保变现。

洗钱犯罪者利用网络保险洗钱的主要原因在于：保险产品与保险经营特

---

① 参见黄胜英《"地下保单"的性质分析及治理对策》，《保险研究》2005年第8期。

性以及网络的便捷性使其极易成为洗钱者的工具；保险机构与从业人员在利益驱动下容易被犯罪分子利用；相关法规制度与保险业反洗钱工作需求相比有待进一步完善；未能有效地解决多环节信息不对称问题增加了反洗钱的难度。

五　利用网络证券洗钱

证券领域由于自身具有的流动性高、交易复杂等特点，能够为不法分子的洗钱活动提供很好的掩护而逃避执法机关的打击，受到洗钱者的青睐，已成为洗钱犯罪新的重点领域。

利用网络证券进行洗钱的主要手法包括：

（1）特殊机构以低买高卖或高买低卖接盘方式操纵市场，在我国案例中某些个人和机构利用欺诈客户、操纵市场等方法，开设大量"拖拉机"账户搞自买、自卖的"对敲"交易来获得非法收益。

（2）购买私募基金，是指以非法资金购买私募基金后，再间接投入股市买有价证券。这种洗钱方式的特点是犯罪者没有明显的交易轨迹，处于掩盖的状态，查处难度较大，并且能够为洗钱者带来税收上的优惠以及其他收益。

（3）转托管方式，洗钱犯罪分子可以用支票购买股票，再把股票转托管到其他证券公司，然后将股票卖掉提取现金，转托管能达到逃避监测、转移资金、模糊"黑钱"性质和来源的目的。

（4）"三方共同委托理财"方式。腐败分子尤其掌握大量社会资金的腐败分子、金融机构内部的腐败分子将交易结算资金、挪用公款、社保资金等和受托方签订"委托资产管理理财合同"。再将经过理财后"洗白"的高额回报中饱私囊。其特点是隐蔽性强，查处难度较大。

（5）设立空壳公司，运用复杂的关联交易转移资产。这种形式的洗钱多数发生在国有企业身上。而且往往与企业领导个人的腐败行为直接相关。

（6）机构投资者利用对倒交易方式输送利益。由于我国证券市场发展还不完善，外部监管和行业自律等监督力量发挥的作用有限，导致大量被视为起稳定证券市场中流砥柱作用的机构投资者中也存在各种洗钱行为。

（7）利用其在并购中掌握的内幕消息，配合二级市场中的炒作，操纵股票价格；或者用上市公司并购方式。一些黑钱通过在上市公司并购过程中寻找机会，或者被顺利地用于收购兼并上市公司，取得从非法到貌似合法的地位，牟取非法暴利。

（8）通过证券业内幕交易牟取暴利。内幕交易是指内幕人员和以不当手段泄露内幕信息的其他人员做违反法规、法律规定的事，根据内幕信息进行买卖证券或者向他人提出买卖证券建议，不法分子利用内幕交易在证券市场获得非法的收益，从事洗钱活动。

六　利用网络理财洗钱

利用新型网络理财产品洗钱是一种新的网络洗钱方式。新型理财产品，如投资连接保险、分红产品等，属保险、证券理财的混合产品。较之传统产品，它们的保障功能较弱，投资作用很强，是带有保险功能的基金。新型保单持有人的资金可以在保险账户和投资账户间自由调配。因为其主要功能是投资，所以保费一般没有限额。洗钱者购买这类产品，不但可以模糊资金的来源，改变"黑钱"的性质，还可以实现"黑钱"的边洗边赚。利用网络理财产品洗钱，具有简单、标准和易操作的特点，手续简便、征询信息少、洗钱速度快。银行保险的核保标准较低，但现金价值却可以很高，客户还可以从银行划转保费，这也为洗钱者提供了空间。

七　其他形式

除了上述几种主要方式以外，在互联网上还有其他形形色色的洗钱方式。这些洗钱方式一般都与在互联网上开展的电子商务服务等相联系，利用其作为资金运作通道，很受洗钱分子的喜欢。如网络"前台公司"和网络"空壳公司"等。

传统的"空壳公司"洗钱就是利用"空壳公司"虚构交易，然后将黑钱以交易收入或交易支付的形式予以合法化。在美国，有很多专门从事洗钱的"空壳公司"，进行大宗的空头贸易，把需要"清洗"的黑色收入以贸易的名义存入该公司的银行账户。利用网络"空壳公司"，原理和传统"空壳公司"一样，只不过更加隐秘和方便快捷。例如在网上很容易注册一个在线销售网站，网上洗钱者以销售为幌子，虚构收入，销售记录以数据形式保存，真假莫辨。

为使大额现金存入银行而不引起怀疑，传统的洗钱方法常常利用"前台公司"。这里的"前台公司"，就是一些大量使用现金的企业，如赌场、酒吧、金银首饰店、餐馆等。洗钱者以这些企业为掩护，将黑钱混入企业的现金收入中,这样存入银行就不会引起怀疑。这种方法在互联网洗钱中已得到广泛应用。洗钱者注册一家服务类的公司,该公司的支付通过互联网进行活动,洗钱分子再将黑钱分批存入自己掌控的借记卡或信用卡,然后再利用借记卡或信用卡通过互联网向公司支付服务费,并由这家公司向借记卡或信用卡发行单位开具发票,这样黑钱便成为公司的经营收入。在这种洗钱方法中,洗钱分子实际上仅控制出具发票的账户和通过互联网开展业务的公司,互联网服务提供商、信用卡或借记卡发行单位以及开户银行都没有理由怀疑这些活动,因为它们只看到整个过程的某一部分。由于在网上注册的公司数以百万,从事的业务也是形形色色,又缺乏有效的监管,要从中发现洗钱的蛛丝马迹,确非易事。

实际情形诚如金融行动特别工作组在一篇报告中所言:"洗钱的潜在危险几乎存在于网上新客户和金融机构发生联系的任何阶段。"

八　网络洗钱的特点

同传统洗钱相比,互联网洗钱主要有以下特点:

（一）高度隐蔽

网络之间的通信是基于数字技术,而以数字的形式保留的记录并不是有形存在的。在这个虚拟空间里对所有事物的描述仅仅是一个个加密数据,洗钱分子通过互联网进行交易可以做到:其一,无纸化交易;其二,匿名交易。这样几乎不留下犯罪痕迹,使得相关当局难以进行强有力的监控。

（二）容易掌握

传统的洗钱犯罪牵涉到国内外复杂的金融制度和法律制度,需要金融和法律方面的专业人士参与其中,可能牵涉的人会很多,使得洗钱的成本增加,风险加大。而通过互联网洗钱,其技术往往简单易学,使得洗钱对金融和法律方面的专业人士的依赖性大为减弱。如西西里莫西纳大学教授辛托力诺所说:"互联网是一种威力巨大的武器,它不需要中间人,所以也就不用去找一个腐败的银行家。"

（三）方便快捷

曾任澳大利亚司法和海关部长的阿曼曾指出:"互联网可以使非法资金瞬间游遍全球。"互联网是一个全球性的开放网络,只需一台可以连接互联网的计算机便可参与其中,不受时空限制,非常便捷。随着通信技术的发展,互联网络已能够以极高的速度传输信息,通过互联网络进行的交易可以瞬间完成，非常快捷。

（四）跨越全球

互联网将整个世界连成一个整体，通过互联网络就可以很方便地在全球范围内进行洗钱，加之各地区以及国家之间在金融和法律制度上的不同和利益上的差异，使得互联网洗钱与传统洗钱相比，监管和惩罚变得更为困难。互联网洗钱犯罪分子主要通过那些金融监管较松的地区和国家，使得黑钱在全球范围内迅速转移，不断清洗，最终披上合法外衣。

第五节　洗钱的危害、流程及发展趋势

一　危害

（一）对经济的危害

"洗钱"对于一国经济的影响主要体现在以下几个方面：

1. 影响金融市场的稳定性

在一国资本市场对外开放的情况下，被清洗的巨额资金从一国流向另一国，会影响到国家货币总需求和货币总供给的数量，从而驱动汇率、利率频繁地波动，使宏观经济变量更加不确定。我国的资本项目当前还不能自由兑换，受到这类资金冲击的可能性或许不像某些国家那样巨大。但是，我国近年来国际收支平衡表中的错误与遗漏项目曾经高达 200 亿美元之多，这当中"洗钱"的金额占据相当大的比例。

2. 损害金融机构的声誉

通过金融系统"洗钱"是犯罪分子常用的手段，如果不法分子利用金融机构"洗钱"的负面新闻被曝光，将使公众对银行系统的信用产生怀疑，动摇银行的信用基础。此外，由于"洗钱"活动的资金转移完全背离了一般的商品劳务交易的特点，资金的流动变得无规律可循，"洗钱"很可能成为金融危机的导火索。如国际商业信贷银行（BCCI）的关闭，其广泛地"参与"了"洗钱"活动，就是一个很重要的原因。金融机构破产倒闭可能会给金融体系带来不稳定，使正常金融监管秩序变得混乱，易于产生金融风险和金融危机。

3. 损害正常的经济交易

如果我国某一家企业或银行上了反洗钱金融行动特别工作组（The Finan - cial Action Task Force，FATF）"不合作国家"黑名单，即使现在是遵纪守法的，FATF 成员国的银行或公司也可能不愿意同其进行交易，可能成为一些国家实施贸易保护措施的借口，就会影响我国的进出口，而此银行在国外开展业务也会受到牵连。这样，我国经济的总体规模可能会缩水，危害经济的快速健康发展。金融行动特别工作组成员如表1—1 所示。

表 1—1　　　　　　　　金融行动特别工作组成员

阿根廷	法国	卢森堡	南非
澳大利亚	德国	墨西哥	西班牙
奥地利	希腊	荷兰	瑞典
比利时	海湾合作委员会	新西兰	瑞士
巴西	中国香港	挪威	土耳其
加拿大	冰岛	中国	英国
丹麦	爱尔兰	葡萄牙	美国
欧洲委员会	意大利	俄罗斯	
芬兰	日本	新加坡	

注：该表内容源自2006—2007 年 FATF 年度报告第2 页。

（二）对社会的危害

1. 影响社会治安环境

"洗钱"分子向某国注入赃款时，可能会带进潜在的犯罪因素。为了清洗赃款，他们可能在某些国家建立一些娱乐场所，以此为掩护，从事走私、贩毒、色情等犯罪活动，或犯罪分子利用赃款支持国际恐怖主义活动和叛乱颠覆活动。

2. 洗钱滋生腐败行为

"洗钱"者为了使犯罪分子所得赃款能安全、快速的洗清，往往用重金贿赂政府的有关官员和金融机构的工作人员，将其拉下水。同时，"洗钱"也为国内腐败分子非法侵吞国有资产大开方便之门，造成国有资产的流失，从而削弱了国家经济发展的动力，减缓国家经济的发展速度。

3. 损害社会公平

"洗钱"分子通过不法行为而不是诚实劳动发家致富，这种情况如果不能被及时查处，将造成极坏影响，阻碍全社会生产效率的提高和社会公平原则的普及。

综上所述，为了减轻"洗钱"犯罪活动对我国经济肌体的侵害，维护社会安全稳定，反洗钱工作已经成为一项迫在眉睫的重要任务。

二 洗钱流程

传统洗钱方法主要是利用金融机构、通过货币走私和非金融机构洗钱。洗钱的过程主要由处置阶段、离析阶段和融合阶段三个阶段组成，洗钱过程的三个阶段如表1—2所示，该表源于美国2004年洗钱秘书处年度汇报。[①]

表 1—2   "洗钱"过程的三个阶段

几种洗钱形式	处置	离析	融合
1	将现金存入银行等金融机构（可能与合法资金混杂在一起）	国际电汇（常使用没有真实交易的空壳公司，或掩饰资金性质，使之成为看似合法交易的款项）	以归还（虚假）贷款或者支付（伪造）发票金额的形式将资金汇兑回国
2	携带现金出国	将现金存外国银行	国际国内汇兑网络，繁杂得几乎无法追查资金的原始来源
3	用现金购买高价值商品、房地产或者经营性资产	转售购进的商品和资产	来自房地产或者合法活动的收入，表面上是合法的

在处置阶段，来自犯罪活动的收入变成好控制而不易被怀疑的形式；在离析阶段中，犯罪者通过金融交易，掩饰或隐瞒犯罪收入的真实来源性和真实的所有权关系，使犯罪收入的非法特征模糊；融合阶段是指将合法资金与犯罪收益结合到一起混入经济、金融系统中去，让非法以合法面目出现。洗钱的基本动态过程如图1—1所示。

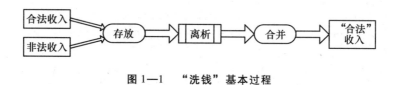

图 1—1   "洗钱"基本过程

---

① 参见莫洪宪《中国大陆黑社会性质犯罪的特点及其刑事对策》，《湖北警官学院学报》2002年第2期。

　　反网络洗钱是一项非常艰巨的任务，每天大量的金融交易包括日常交易、合法交易、可疑交易、不平常交易和非法交易，非法的金融交易隐藏于正常的交易活动之中。判断这些交易的合法性困难很大，如普通的日常交易，很大可能性是合法交易，但如果交易者是犯罪分子，则也有可能是非法交易；一些不平常的交易也有可能只是客户偶尔大额转账等。为掩人耳目，非法交易经常与合法交易相互混杂，以至两者很难直接区分开。更多时候，表面合法交易中的非法成分更有隐藏性，更有欺骗性。而且，洗钱交易中涉及到的灰色收入及收益，易于被排除在反洗钱报告的范围之外。如图1—2定性描述了这种交易的合法性关系比例。利用反洗钱技术，就是要区别出这些交易的类型特征，并进一步定量辨别其合法性。

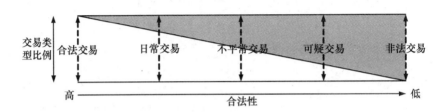

图1—2　交易类型和合法性比例

　　以网络支付洗钱犯罪为例子，洗钱者利用网络支付账号经常虚假交易，实现资金流动和转移，达到洗钱的目的。洗钱者通常会配备一个或几个网络支付账号，利用电子商务账号间的"自买自卖"交易，来实现网络上赃钱的漂洗。当中又有简单洗钱方式和复杂洗钱方式的区别，分别如图1—3和图1—4所示。

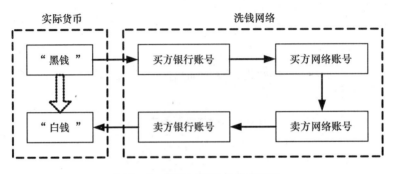

图1—3　简单网络支付洗钱方式

图1—3描述了简单网络支付洗钱方式，首先，洗钱者将黑钱存入银行（可能通过多个真实或虚假的账户存入银行），然后开设网络账号，通过对倒交易，将资金转移到自己开设的卖方网络支付账号中，再通过实际卖方银行账号将电子货币换成实际货币，达到洗钱的目的。

复杂网络支付洗钱方式与简单网络支付洗钱方式相似，只是买卖双方的网络账号会有多个，而且区别不再那么明显，实现更大量、更隐蔽的网络洗钱，如图1—4所示。

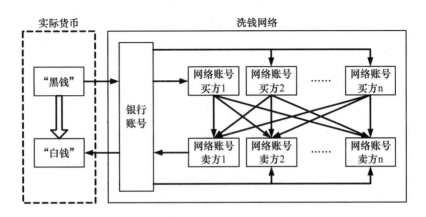

图1—4　复杂网络支付洗钱方式

三　发展趋势

时代在发展，科技在更新，洗钱犯罪也在不断地新陈代谢，近年来，洗钱犯罪的发展主要呈现出以下几种趋势。

（一）国际洗钱的组织性越来越强

洗钱犯罪天生与有组织犯罪联系在一起。[1] 国际刑法学协会第16次大会的决议正确地指出了洗钱犯罪与有组织犯罪的相互关系：第一，洗钱是所有有组织犯罪成立所必经的过程；第二，洗钱是严重的有组织犯罪中或有组织犯罪本身非常典型的一种；第三，洗钱行为的定罪通常是挫败有组织犯罪的唯一方法。随着时代的发展，犯罪活动与洗钱活动进一步分工，现在已经出现了职业的洗钱服务机构，专门为犯罪分子和犯罪组织提供洗钱服务。[2]

① 参见莫洪宪《有组织犯罪研究》，湖北人民出版社1998年版，第175页。
② 参见朱静《国际反洗钱法律制度研究》，硕士学位论文，西南政法大学2007年版。

（二）洗钱的专业性不断增强

随着洗钱犯罪的不断发展，诸如会计、律师、私人投资者之类的专业人员进一步参与洗钱活动，犯罪组织可根据有关专业人员的建议进行投资和洗钱。有些地方，甚至是某些金融机构的专家也参加犯罪集团的洗钱活动，犯罪集团对专业人员如会计师、金融专家、审计师等的依靠程度越来越强。某些国家，如：哥伦比亚，一些专业人员甚至专门以洗钱为职业，为犯罪分子提供专业性的洗钱服务。①

（三）洗钱犯罪与金融机构人员和腐败官员走得越来越近

跨境洗钱通常有三条主要途径：地下钱庄、现金走私和利用金融机构。银行是资金运作的枢纽，通过银行的支付结算系统在短期内就能转移巨额资金并使之合法化。因此，利用合法的金融机构进行跨境洗钱成为犯罪分子的首要选择。为了达到控制银行的目的，犯罪分子不择手段，甚至长期安插本集团成员进入银行工作。很多情况下，犯罪分子为了洗净"脏"钱，往往采取贿赂等非法手段引诱政府官员和金融机构干部。一些腐败官员介入其中，也无形地影响着金融监管的正常运行。同时，一些腐败官员本身也是洗钱犯罪的主体，他们凭着手中的职权，收受巨额的贿赂，如何使这些见不得光的利益合法化也是他们关心的问题，于是他们和洗钱犯罪分子一拍即合，相互勾结，腐败官员成为黑社会组织的保护伞或成员，为洗钱大开方便之门，并同时将自己的赃款一并清洗转移。来自腐败分子的职权干预影响，使得反洗钱工作进行的难度进一步加大。②

（四）洗钱犯罪与恐怖主义犯罪的联系日益紧密

国际恐怖主义具有国际性、有组织性以及严重危害性等特点，是国际社会最大的毒瘤，其运转需要庞大的经济支持，而洗钱犯罪分子的捐助正是其重要的经济支持之一。"9·11事件"后，全世界掀起反恐浪潮，联合国安理会 2001 年 1368 号决议"呼吁所有国家共同努力，及早将肇事者、幕后策划者及经济支持者绳之以法"，随后其又通过 2001 年 1373 号决议，明令禁止洗钱犯罪支持国际恐怖主义活动。这也正是我国 2001 年 12 月 29 日的《刑法修正案（三）》中把恐怖活动犯罪的违法所得及其产生的收入增列为

---

① 参见卢建平《有组织犯罪比较研究》，法律出版社 2004 年版，第 340 页。

② 参见莫洪宪《中国大陆黑社会性质犯罪的特点及其刑事对策》，《湖北警官学院学报》2002年第 2 期。

洗钱犯罪对象的国际背景。[①] 我们可以看出，洗钱犯罪和国际恐怖主义一直有着千丝万缕的联系，打击洗钱犯罪有利于抑制国际恐怖主义活动。[②]

（五）网络洗钱迅猛发展

洗钱犯罪的科技含量程度越来越高。由于网上洗钱存在其方法上的先进性、空间上的跨国性、过程上的匿名性、时间上的快速性和随机性等特性，使得追查洗钱犯罪难度大为增加。随着互联网络、电子商务、电子贸易的迅速发展普及，网络领域将变成未来洗钱与反洗钱的主要战场之一。

（六）跨国洗钱活动越来越猖獗

洗钱者利用各国对反洗钱态度、反洗钱的法规和文化习俗的差异，可能会寻找到跨国洗钱的机会，成功躲避洗钱风险。加之金融国际化、洗钱职业化的发展，使得国际金融网络中跨国洗钱活动迅速扩展。黑钱的产生国、清洗途经国以及清洗后的表面看似"合法"资金保有国（消费或投资）有可能是不同的国家，这些国家遭受的洗钱及其上游犯罪危害的差异会很大，可能采取的反洗钱态度、措施和法规也不同。

（七）洗钱犯罪的智能化越来越明显

洗钱活动也紧跟上了信息时代的步伐，随着电子货币、网络银行等新金融交易方式的出现，货币在世界范围内的大额的转移变得更为迅速和隐秘。某些交易系统不通过银行就能建立起来，一些系统可以进行面对面的交换，可不留任何记录。在此情况下，现代技术为洗钱提供了便利。

[①] 参见刘秀子、巩光岩《洗钱犯罪的发展趋势、原因及其对策》，《山东警察学院学报》2005年第5期。

[②] 参见朱静《国际反洗钱法律制度研究》，硕士学位论文，西南政法大学2007年版。

第二章　网络洗钱犯罪及对策

第一节　洗钱犯罪界定

一　《联合国禁毒公约》对洗钱的定义

洗钱作为法律概念，最早出现在 1988 年 12 月 19 日《联合国禁止非法贩运麻醉品和精神药物公约》（简称《联合国禁毒公约》United Nations Convention against Illegal Traffic in Narcotic Drags and Psychotropic Substances）中，该公约第 3 条规定，明知是制造、生产、贩运或走私毒品获得的财产，为隐瞒该财产的非法来源，或为协助涉及毒品犯罪的人逃避其行为的法律后果而转换或者转让该财产，隐瞒财产的真实来源、性质、所在地，转移、处置相关的权利或所有权的，构成犯罪。① 此后，许多国家和国际组织都制定了有关的反洗钱法律规范。

巴塞尔银行监管委员会（The Basel Committee on Banking Supervision）于 1988 年《关于防止利用银行系统用于洗钱的声明》（Prevention of Criminal Use of the Banking System for the Purpose of Money Laundering）中，按金融交易的角度将洗钱活动界定为：犯罪者及其同伙通过金融系统将资金用于其各个账户之间的支付或隐藏、转移资金的所有权和来源，以及通过保险箱业务存储银行券。银行或者其他金融机构可能会在无意之中被犯罪分子所利用，成为犯罪活动获得的资金的转移或存款的中介。显然，这个定义缩小了洗钱的范围，偏重于金融交易领域，反映了利用金融机构进行洗钱活动的特点。

---

① 参见郭建安、王立宪、严军兴《国外反洗钱法律法规汇编》，法律出版社 2004 年版，第 6 页。

二 FATF组织对洗钱的定义

反洗钱金融行动特别工作组（FATF）作为全球性的反洗钱国际组织机构，对洗钱定义为：凡隐瞒或掩饰因犯罪所得财物的真实出处、性质、动向和地点或者帮助任何与非法活动有关的人隐瞒、规避法律或掩饰违法所得的行为均属洗钱。可见FATF对洗钱活动的界定还是相当宽泛的，不仅包含了洗钱者对犯罪所得形式合法化的行为，而且还包含了协助他人来洗钱的行为。

三 美国《爱国者法案》和《洗钱控制法》对洗钱的定义

美国的《洗钱控制法》（1986年）对"洗钱"的定义是：

（1）任何人如果明知一项金融交易所涉及的财产属于非法活动所得，但仍然进行或企图进行相关非法活动所得的交易活动，企图促成非法活动，或者逃避州或联邦法律制定的申报制度，或者故意全部或部分地隐瞒该法定非法所得的控制权、地点、来源、所有权、性质。

（2）任何人从美国的一个地方或者美国以外的某个地方输送或企图输送资金或货币工具，或者通过美国以外的某个地方向美国某地转移或企图转移资金或货币工具，并且企图促进该非法活动，或者明知所转移的资金或者货币工具是涉嫌非法所得，而有意隐瞒该非法所得的地点、性质、所有权、来源、控制权，或逃避州、联邦法律规定相关申报制度。①

（3）该法将凡是通过非法途径获取的收益都归入洗钱的范围，只要从事或者试图从事法律所禁止的金融活动，哪怕是有关金融交易与非法活动的收益有关，就有可能构成洗钱犯罪。这种宽泛的界定方式，为美国以后的反洗钱立法及金融机构的监管做了铺垫，也影响了其他国家地区和国际组织对洗钱范围的界定。

美国《爱国者法案》（USA Patriot Act of 2001）确立了洗钱的新标准，就是金融交易与凡是犯罪（包括金融交易之后的犯罪）或有助于犯罪的某一种环境的联系。

另外，联合国《反腐败公约》里规定了三种可以成为洗钱犯罪的行为——转移或转换犯罪所得收益，转移、处置犯罪所得的相关权利，占有、

---

① 参见孟建华《洗钱与银行业机构反洗钱》，福建人民出版社2006年版，第127页。

获取或使用犯罪所得。上述规定表明即便行为人不具有"掩饰或隐瞒该财产的非法来源"的犯罪目的，但是"明知财产是犯罪所得，而仍然占有或者获取使用该财产的构成洗钱犯罪"①。

四　我国对洗钱的立法定义

我国台湾地区洗钱防治法第二条把洗钱罪定义为：（1）掩饰或者隐匿因自己或他人重大犯罪所得到的财物或财产上利益者；（2）搬运、接受、故买、寄藏或牙保别人因重大犯罪所得到的财产或财产上利益者。

根据上述对洗钱罪的概念可以看出，国际上、其他国家以及我国台湾地区对洗钱罪的定义虽然有相同之处，但是区别也非常明显。共同地方在于，它们都认为洗钱就是把违法所得变为合法收入。而区别在于，首先美国、欧盟以及日本对洗钱罪的范围界定相对更宽，犯罪所得收入均可成为洗钱罪的对象，而我国台湾把洗钱罪的范围限定于重大犯罪所得；其次在洗钱罪中的客观行为方式也不尽相同。比如日本只规定了利用金融机构洗钱，我国台湾地区规定了隐匿、掩饰、搬运、收受、寄藏、故买或者牙保等行为。

我国刑事立法设定洗钱罪这个罪名开始于 1997 年，刑法上对于洗钱罪概念的研究还不够深入，洗钱罪的概念较多数是围绕洗钱罪的罪状来进行表述。

第一种观点认为，洗钱罪是指隐瞒或者掩盖他人或自己从诸如欺诈、贩毒等严重犯罪活动中获得的收益来源、性质、所有权、地点等的行为，它帮助犯罪分子得以实现经济目的，并且通过金钱财务实现犯罪的恶性膨胀以及恶性循环。②

第二种观点认为，洗钱罪是指明知是属于黑社会性质的组织犯罪、基于毒品的犯罪、基于恐怖活动犯罪、基于走私犯罪的违法所得收益及产生的收益，为了隐瞒、掩盖其性质、来源，而通过投资办企业、存入金融机构或在市场上流通等手段使其合法化的行为。③

第三种观点认为，洗钱罪是指行为人明知是黑社会性质的组织犯罪、毒品犯罪、恐怖活动犯罪或者走私犯罪的违法所得及产生的收益，而为其提供

---

① 参见李若谷《反洗钱知识读本》，中国金融出版社 2005 年版，第 112 页。
② 参见李忠信《金融领域犯罪与对策论文集》，群众出版社 1997 年版，第 69 页。
③ 参见马克昌《经济犯罪新论——破坏社会主义市场经济秩序罪研究》，武汉大学出版社 1998 年版，第 349 页。

资金上的账户平台，或者协助将其财产转换为现金或者金融票据，或通过转账、其他结算方式协助资金转移，或将资金汇出境外，或者以其他方法隐瞒、掩饰犯罪的违法所得以及它收益的性质和来源的行为。[①]

第一种是从犯罪学角度对洗钱罪概念进行界定。将洗钱罪的上游犯罪范围扩大到严重经济犯罪活动，行为方式表现为掩盖和隐瞒犯罪中所获得钱财的性质、来源、地点、所有权等。这种界定虽然更有利于打击洗钱行为，但其缺陷是将洗钱的对象限于钱财，范围太窄。而且这种界定，不适用于我国刑法打击洗钱行为的刑事立法规定。第二种观点虽然也是根据我国当时的刑事立法规定对洗钱罪概念进行界定，但其把洗钱行为方式限定为"通过存入金融机构、投资办企业或在市场上流通等手段使其合法化的行为"。"通过金融机构"和"投资办厂"洗钱易于理解，但是，"通过市场流通"方式洗钱却有抽象之嫌，不易于实践中把握。我们认为，第三种观点对洗钱罪概念的界定比较适当，符合我国刑事立法的规定。[②] 由于刑法上已经对洗钱罪上游犯罪的范围进行修改，因此洗钱罪是指行为人明知是基于黑社会性质的组织犯罪、基于毒品犯罪、基于走私犯罪或者基于恐怖活动犯罪、基于破坏金融管理秩序犯罪、基于贪污贿赂犯罪、基于金融诈骗犯罪的违法所得收益及其产生的收益，而为它提供资金上的账户平台，或者协助将其财产转变为现金或者金融票据，或通过转账或其他结算方式协助资金转移，或将资金汇出境外，或以其他方法隐瞒、掩饰犯罪违法所得及收益性质和来源的行为。[③]

第二节　网络洗钱犯罪构成

对洗钱罪的构成要件，我国刑法理论争论较多，现在对许多基本问题还没有形成共识，并且在对洗钱罪的一些问题的讨论中，某些观点试图推翻刑法理论中的通说观念。

一　网络洗钱罪的客体

现在，虽然许多洗钱行为不再通过金融机构进行清洗，但犯罪分子最终

---

① 参见鲜铁可《金融犯罪的定罪与量刑》，人民法院出版社 1999 年版，第 391 页。

② 参见邓莉《洗钱罪立法比较研究》，硕士学位论文，西南大学 2009 年版。

③ 参见莫洪宪《有组织犯罪结构分类研究》，《河北法学》1998 年第 5 期。

还是要通过市场来清洗，既然如此，洗钱行为必定要对社会经济秩序造成危害。因此，洗钱行为首先是对国家的经济管理秩序进行了侵犯。因此，以侵犯经济管理秩序来取代如今侵犯金融管理秩序，而且经济管理秩序包含金融管理秩序，以经济管理秩序取代金融管理秩序可以避免金融管理秩序过窄的缺点，所以能够涵盖更大的范围。其实确定洗钱罪的犯罪客体的关键，在于认定洗钱行为的社会危害性。如前面所述，洗钱行为首先危害我们社会经济的发展。因为通过金融体系洗钱，它可能致使金融系统信用被破坏，甚至还可能诱导金融危机，通过投资实体经济进行洗钱这种行为有可能影响国家对整个宏观经济的把握，从而危害国家的经济政策，其行为都侵犯了国家经济管理秩序。侵犯金融管理秩序，只是侵犯经济管理秩序的一方面。如果以金融管理秩序来取代经济管理秩序，显然不能包含所有洗钱行为范围。

事物是不断变化发展的，随着国家不断加强对洗钱行为的打击，同时也不断以高科技手段来应对洗钱行为，洗钱方式也随之有新的变化，洗钱的行为并不限在金融行业。这种情况下如果再故步自封，显然已不再适应于新形式的变化了。虽然洗钱罪被划分在破坏金融管理秩序这节中，但是，这并不能说明其行为的客体，就只是限于破坏金融管理秩序。而客观解释，就是解释的结果应符合当今社会的公平公正要求。在洗钱手段不断发生变化的情况之下，洗钱罪的侵害对象也在不断变化。因此，洗钱罪对经济管理秩序进行了侵犯的说法是可以成立的。

洗钱是犯罪分子通过种种手段对黑社会性质的组织犯罪、毒品犯罪、走私犯罪及恐怖活动犯罪的违法所得及收益加以隐瞒、掩饰的行为。洗钱行为的目的是要隐瞒或掩饰上游犯罪违法所得及收益的性质和来源。通过清洗，赃钱被漂白，这无疑对于司法机关追诉具有严重社会危害性的“本罪”（“上游犯罪”）行为和追究没收犯罪所得产生了障碍。对犯罪行为的侦查我们一般可以通过赃款的流向向上追寻，追踪溯源，侦破案件。如果，行为人通过洗钱把赃款漂白，洗钱行为就为非法资金披上了合法外衣，从而逃避法律追究和制裁，这是洗钱犯罪的实质所在。一般是司法机关先发现犯罪，然后再来追赃。然而现实事情中，我们经常是发现赃物，然后上溯以前行为，发现犯罪。如重庆巫山县的交通局局长受贿案，司法机关发现当事人拥有巨额财物，然后启动司法程序来调查，最后发现当事人的确存在犯罪行为。[①]

---

① 参见邓莉《洗钱罪立法比较研究》，硕士学位论文，西南大学 2009 年版。

假如当事人把赃物进行清洗，将其转化成为合法财物，上游犯罪行为就不容易查清。因为，赃物在合法外衣的掩饰下，在司法资源有限的情况下，司法无法对每一个财物都进行排查，事实上也不可能。所以洗钱行为也侵犯了司法机关的正常秩序。因此，洗钱罪的客体应是司法机关的司法活动以及经济管理秩序。

二 网络洗钱罪的客观方面

（一）洗钱罪行为方式

刑法第 191 条列举出了洗钱行为五种方式。洗钱罪的客观行为方式表现在：

1. 提供资金账户

这种洗钱方式经常发生在金融领域，行为人通过为犯罪分子在金融机构开设一个合法账户或者一个假账户（主要是单位账户），进而对犯罪收益进行清洗，该账户一般为了掩盖赃款持有人的真实身份，进而为赃款持有人提供帮助。通过以上行为使赃款变成了"合法"财产，而使司法机关难以追查赃款的去向。首先，如果洗钱者主体是自然人，在我国现阶段可通过直接到银行开设账户进行洗钱；其次，如果银行内部工作人员明知道该款是特定犯罪所得及其收益，而为其开设资金账户，就构成了本罪。因此，这里的"提供资金账户"，既包括将现有的单位、个人将银行的储蓄账户提供给犯罪者使用，也包括为犯罪行为人自己开设新的账户。此外，如果金融单位里的工作人员明知道某款项为特定赃款，仍提供账户，仍以本罪论处。这里的金融机构，根据《金融机构反洗钱规定》的规定，主要包括：银行类金融机构和非银行类机构，其中非银行类机构还包含信托投资公司、企业集团财务公司和金融租赁公司。①

2. 协助将财产转换为金融票据、现金或有价证券

即行为人帮助犯罪者将财产通过交换、买卖等手段转换为现金和汇票、支票、本票等金融票据，或者财政债券、国库券等有价证券形式。在洗钱罪规定的各种上游犯罪中，犯罪者一般都是获得现金或者其他便于转移的财产性收益，但有时也会得到大量很难转移的财产，例如名人字画、贵重金属乃至汽车等。行为人，只要知道该财产是上述犯罪所得及其收益，而协助持有

---

① 参见邓莉《洗钱罪立法比较研究》，硕士学位论文，西南大学 2009 年版。

人将这些物品转变为金融票据、现金或者有价证券的，应该构成本罪。①

　　3. 协助将资金往境外汇出

　　所谓协助将资金往境外汇出，主要指为了逃避国内司法机关对犯罪违法所得收益的查处和金融监管，将国内特定犯罪的赃款转移到境外的行为，司法实践中也包括协助将资金带往境外的行为。由于我国对资金采取了比较严格的监管制度，资金在境内外间的流动一般都掌握在国家的监控中，某些单位或者个人协助他人将赃物转移到境外的行为即构成本罪。

　　4. 通过转账或者其他结算方式协助将资金转走

　　转账一般是指利用银行汇票、支票或者商业汇票等金融票据，将违法所得，从一个账户转往另一个账户，使合法收益和犯罪收益混淆，以便用其来开办企业、公司，从而使得非法资金的性质得以隐瞒或掩饰。所谓其他结算方式，根据1997年9月中国人民银行颁发的《支付结算办法》规定，指用托收承付、汇兑、委托收款，以及电子货币资金划拨等方法转移违法所得及其收益。随着电子货币资金划拨等先进技术在支付系统中的运用，资金转移更加快捷方便且安全，洗钱者能迅速通过这种结算方式，将非法资金转移到金融市场监管不严但比较发达的区域，以逃避司法机关的追查。

　　5. 以其他方法隐瞒、掩饰犯罪的违法所得及其收益的性质和来源

　　上述五种行为是我国目前洗钱犯罪者常用的手段。社会生活千变万化，法律不可能将所有的洗钱方式全部归纳总结。为了避免法律的疏漏，在遵循"罪刑法定"的前提下，我国刑法新增了这个概括性的规定。从实践中看，其他行为方式的洗钱主要表现是：他人明显知道是法定七种犯罪所得及其收益，却利用非法途径将其带出国境，然后兑换成外币或者购买财产；或者他人明知是法定七种类型的犯罪所得收益，却以国外亲属的名字存进境外银行，向社会投资，特别是向经常大量使用现金的行业投资。

　　以上方式中都包含了对犯罪所得及其收益的"隐瞒、掩饰"。对隐瞒与掩饰如何理解，我国刑法学界还存在一定的争论。因此，确定"掩饰、隐瞒"的意义对理解上述五种方式有极其重要的意义。

　　我国刑法学界有关学者认为，"隐瞒"是指当司法机关进行调查核实时，对于比如毒品犯罪分子通过"洗钱"把具有某种"合法形式"的财物的真实来源和性质加以谎告。也有学者认为，"隐瞒"是指有意隐瞒不报，或称

　　① 参见马克昌《经济犯罪罪与非罪的界限》，《法学》1994年第4期。

其不知其来源和性质，其实，明知是出售譬如毒品获得的财物，却不向司法机关提供真实情况。①

对"掩饰"的理解，我国刑法学术界有两种主要观点：第一种观点认为，掩饰就是遮掩粉饰之意，其表现形式是各种各样的，但实质是向司法机关虚报情况，企图使司法机关相信售出的毒品获得的财物的性质和财物来源是合法的。比如明知某一犯罪分子的录像机就是其贩毒后用赃款购买的，却向司法机关谎报该录像机是朋友送的，或以其他合法途径得到的。第二种观点，掩饰指行为人明知犯罪分子的财物是通过走私、贩毒或者别国规定洗钱罪的上游犯罪所得，而故意编造事实或者以其他弄虚作假的手段进行掩盖、粉饰其非法性质和来源的行为。

概念是反映事物的特有属性的思维形态。理解规范概念时，不能天马行空，肆意妄为，必须遵循规范的既定要求，即必须在法律规范特有的话语系统、价值系统中进行，不能有所逾越。规范概念不是仅由简单的日常用语意义取得其意义，规范必须在构成要件中定位、决定以及评价。因此，规范概念经常会或多或少地表现出价值意义。所以，掩饰、隐瞒是根据义务标准，对洗钱行为方式的一种分类，即凡是违背法律的禁止性要求，积极掩盖财物性质等行为的就是"掩饰"，凡是违反命令性要求，不履行法定义务的行为就是"隐匿"②。

（二）洗钱罪的上游犯罪范围问题

1. 国际社会关于洗钱罪上游犯罪范围的立法模式

主要有以下两种：

第一种是列举式立法模式。这种立法，列举洗钱罪上游犯罪的具体罪名，实施列举式立法模式主要包括德国、加拿大、意大利、法国、美国、澳大利亚和中国等。而列举式立法模式又分为如下两种立法模式：第一，把洗钱罪上游犯罪规定得相对较窄的立法模式，如《联合国禁毒公约》仅将毒品犯罪作为洗钱罪上游犯罪对象，实施这种立法模式的国家有日本、韩国、新加坡等。第二，把洗钱罪上游犯罪范围规定得较宽的立法模式。如我国刑法将洗钱罪的上游犯罪限制于某些特定的严重犯罪，如毒品犯罪、走私犯罪、

---

① 参见杨聚章、沈福忠《刑法新增罪名研究》，河南人民出版社 1992 年版，第 149 页。

② 参见肖永平、周晓明《冲突法理论的价值追求》，载《河南省政法管理干部学院学报》2007 年第 3 期。

恐怖主义犯罪等。实施这种立法模式的国家有荷兰、瑞士、德国、加拿大、比利时等。①

第二种是开放式立法模式。在这种立法模式下，洗钱罪没有具体的洗钱犯罪罪名，洗钱罪被以其他罪名包含在其他犯罪中。采取这种立法模式的国家和地区主要有荷兰、英国等。这种立法模式意在最大程度地打击通过违法活动获得违法收益的行为。这种立法模式又有两种更具体的立法模式：第一种，刑法根据社会的发展需要不断吸收更多的犯罪案例以扩大洗钱罪的上游犯罪范围，采取这种立法模式的典型代表是美国；第二种，刑法将洗钱罪上游犯罪的范围扩大到全部获取严重犯罪收益的犯罪。采取这种立法模式的典型代表是意大利、澳大利亚等。然而，近年来由于洗钱犯罪活动呈现高发态势，许多国家对洗钱犯罪的立法模式予以改变，即逐渐扩大洗钱犯罪的上游犯罪范围，其中比较典型的是意大利。1978 年《意大利刑法》当时就规定了洗钱罪，但其上游犯罪只限于勒索罪、武装抢劫罪和劫持人质罪，随着社会的不断发展，许多新的洗钱行为又不断发生，而洗钱罪的上游犯罪，仅以上述三种犯罪行为作为其上游犯罪已经不能适应社会的需要。因此到 1993 年，意大利将洗钱犯罪的上游犯罪的范围扩大到所有严重犯罪收益犯罪。比如意大利刑法第 648 - 2 条当中规定，除了共同犯罪的情况以外，对产生于非过失犯罪的财物、钱款或其他利益进行转移或者替换的，或者针对上述财物、钱款或其他利益进行其他活动，以便能阻碍对其他犯罪来源的甄别的，处以 4 年到 12 年有期徒刑和 1032 欧元至 15493 欧元罚款。②

2. 我国洗钱罪立法的现状及学术的争议

虽然我国《刑法修正案六》对洗钱罪的确定范围由走私、贩毒和黑社会性质犯罪所得及其收益扩大至由黑社会组织犯罪、相关毒品犯罪、走私活动犯罪、恐怖组织犯罪、破坏金融管理秩序犯罪、贪污贿赂活动犯罪、金融诈骗活动犯罪的所得及其产生的收益。但是我国学术界对洗钱罪上游犯罪的范围仍众说纷纭不能一致。有学者认为洗钱罪的范围应当还要扩大，也有学者否定此说法。

有学者列出了扩大洗钱罪上游范围的几点理由。第一扩大洗钱罪上游犯罪的范围，符合我国打击日益猖獗的相关犯罪的需求的；第二扩大洗钱罪上

① 参见邓莉《洗钱罪立法比较研究》，硕士学位论文，西南大学 2009 年版。
② 参见刘宪权、吴允锋《论我国洗钱罪的刑事立法完善》，《政治与法律》2005 年第 6 期。

游犯罪的范围是符合国际对反洗钱犯罪刑事立法的发展方向的；第三扩大洗钱罪上游犯罪的范围是我们国家能够履行国际条约义务的基本要求；第四对洗钱罪上游犯罪的范围进行扩大，有利于我国加强与国际上的刑事司法合作；第五扩大洗钱罪上游犯罪的范围也是协调我国反洗钱法律体系的需要。总之，洗钱罪上游犯罪的范围应被扩大到能成为被判处有期徒刑以上的严重犯罪。也有持有类似观点的学者认为我国刑法应将掩饰、隐瞒各种犯罪收益、犯罪所得产生的收益的行为分别规定为普通赃物犯罪与洗钱，导致司法实务中对同样的隐瞒、掩饰行为因为上游对象性质的不同而分别处罚。这种立法模式的最大麻烦是，当一个跨国洗钱犯罪案件需要我国和他国司法机关进行司法协作互助时，无法依据国际反洗钱法律的程序进行必要的配合。因此进一步扩大洗钱罪的范围是有必要的应扩大至所有的犯罪。①

　　在我国刑法中，探讨洗钱罪的上游犯罪范围，应当基于我国刑法规定，不能顾此失彼。刑事法规是一个统一的整体，罪与罪的界分应当置于我国整个刑法分则体系。如此才能理解我国刑法中洗钱罪的内涵与外延。我国旧的《刑法》没有规定洗钱罪，洗钱罪是我国由于参加了联合国《禁毒条约》后，全国人大制定的《单行刑法》中规定的独立"洗钱罪"。虽然旧的《刑法》没有规定洗钱罪，但规定了独立"窝赃罪"。旧的《刑法》第172条规定："明知是犯罪所得的赃物而助以窝赃或者代为销售的，处三年以下有期徒刑、管制或者拘役，并可以一同处罚或者单处罚金。"由此我们能够看出，旧《刑法》中的"窝赃罪"显然不能完全涵盖"洗钱罪"的所有行为方式。因此，有些洗钱行为并不能用"窝赃罪"来处理。由于旧《刑法》的"窝赃罪"只有两种行为方式，即窝藏赃物或者代为销售赃物，因而即使对毒品以外的赃物进行清洗也不一定都能用"窝赃罪"予以处理。因此，旧《刑法》对洗钱行为的打击相当有限。加入联合国《禁毒公约》后，囿于我国以前刑事立法对洗钱行为打击的局限，全国人大在附属刑法中规定了独立的"洗钱罪"，从而加强对清洗毒赃行为的专门打击。

　　然而，伴随我国经济高速发展，洗钱活动在我国日益猖獗，洗钱严重影响国民经济发展，打击洗钱的呼声日益高涨。由此，我国新《刑法》对洗钱罪上游犯罪的范围予以扩大，把洗钱罪上游犯罪的范围由原来的一类犯罪增加至三类犯罪，即走私、贩毒和黑社会犯罪所得及其收益。刑法同时又对

---

①　参见阮方民《洗钱犯罪的预防与惩治》，《人民检察》2007年第3期。

"窝赃罪"进行修改。把"窝赃罪"的客观方面修改为，"窝赃、转移、收购、代为销售"。这样，"窝赃罪"的客观方面基本上也可以涵盖洗钱罪的客观方面。由于洗钱行为的客观方面也可以表现为窝赃、转移、收购、代为销售赃物。如此，洗钱罪与窝藏赃物罪即形成法条竞合关系。其后，《刑法修正案六》又对洗钱罪和窝赃罪进一步修改。洗钱罪的客观方面没有变化，但其上游犯罪范围进一步扩大；而窝赃罪的客观方面被修改为"明知是犯罪所得及其产生的收益而予以窝藏、转移、收购、代为销售或者以其他方法掩饰、隐瞒的，……"窝赃罪的罪名被修改为掩饰、隐瞒犯罪所得、犯罪收益罪。经过《刑法修正案六》的修改，我国刑法中的"洗钱罪"与"掩饰、隐瞒犯罪所得、犯罪收益罪"之间的法条竞合关系尤为突出。除"洗钱罪"与"掩饰、隐瞒犯罪所得、犯罪收益罪"外，为了加强对毒品、毒赃的打击，我国刑法还规定了"窝藏、转移、隐瞒毒品、毒赃罪"。同理，"窝藏、转移、隐瞒毒品、毒赃罪"与洗钱罪、"掩饰、隐瞒犯罪所得、犯罪收益罪"之间仍然是法条竞合关系。①

我国刑法分别规定了"洗钱罪"、"掩饰、隐瞒犯罪所得、犯罪收益罪"以及"窝藏、转移、隐瞒毒品、毒赃罪"，目的是针对不同犯罪的社会危害加以区别对待。对掩饰、隐瞒利用走私、贩毒、黑社会组织、恐怖组织、金融诈骗、贪污贿赂这六种犯罪所得以及收益而言，掩饰、隐瞒这些犯罪所得以及收益对社会的危害较大。因为，这些犯罪所得及其收益数额较大，而犯罪分子一般都会将这些犯罪所得及其收益予以掩饰或隐瞒，以躲避刑事责任追究。因此，这些行为既侵犯司法机关的司法秩序，又侵犯经济秩序；对窝藏、转移、隐瞒毒品、毒赃罪，掩饰、隐瞒这些犯罪所得及其收益主要侵犯了司法秩序。对凡涉毒品的犯罪，各国刑法都予以严厉打击，我国刑法也不例外。对毒品、毒赃进行清洗是制造、贩卖毒品行为的帮助行为，只有通过清洗毒品、毒赃，制造、贩卖毒品的目的才能得逞。因为，为了加大对清洗毒品、毒赃行为的打击，刑法把针对清洗毒品、毒赃的行为予以单列，以加重处罚。

任何制度形成时无不带有价值色彩。这个带有价值色彩的东西在维系着制度的运行，不管人们是否认识到这点。受我国传统法律思想的影响，我国刑法中的犯罪概念界定得相对较严，刑法只处罚严重危害社会的行为。虽然在我国

---

① 参见邓莉《洗钱罪立法比较研究》，硕士学位论文，西南大学 2009 年版。

生活实践中，掩饰、隐瞒犯罪所得、犯罪收益的方式纷繁复杂，且掩饰、隐瞒并没有对象可言，但我国刑法仅把针对几种犯罪所得及其收益予以清洗的行为视为犯罪，意在加强针对这些特殊对象的清洗行为的打击，以体现我国刑法长期盛行打击锋芒的刑事政策。我国刑法分则体系是按照犯罪客体进行分类，对掩饰、隐匿洗钱罪六种犯罪对象而言，这些犯罪主要侵犯的是国家的经济管理秩序和司法秩序，因此，将它们归为一类；对窝赃、转移、隐瞒毒品、毒赃罪行为把它规定在走私、贩卖、运输、制造毒品罪一节中，是因为这种犯罪主要侵犯的是国家对毒品的管理制度和司法秩序。而掩饰、隐瞒犯罪所得、犯罪收益罪主要侵犯的是司法秩序，因此，把它置于妨碍司法秩序一节中。

有些学者担忧如果不对洗钱罪的犯罪对象进行扩大，将会影响国际司法对我国的协助。我们认为这是没有必要的担忧，因为其误解了引渡法中的"双重犯罪原则"。这个"双重犯罪原则"指的是在引渡中，如果犯罪行为在被请求国和请求国都构成犯罪时才能引渡的原则。针对"双重犯罪原则"的解释有两类：一类是抽象的解释，另一类是具体的解释。所谓抽象解释是指，罪犯的违法行为，根据两国法律都要受处罚的犯罪行为，就被认为是双重犯罪。所谓具体解释是指，罪犯的违法行为，根据两国法律不仅都是要处罚的犯罪行为，而且罪名以及犯罪的种类都是相同时才算双重犯罪。对"双重犯罪原则"的解释，法国法律传统上是采用抽象解释，德国法律传统上是采用具体解释。抽象解释对双重犯罪的要求要宽松一些。而具体解释对双重犯罪的要求比较严格一些。由于各国法律制度的不同和历史文化传统存在差异，同一种犯罪行为在各国经常有着不同的罪名，更可能被归入不同的犯罪种类。如果对于双重犯罪的要求很严格，将会不利于同国际犯罪行为以及跨国犯罪行为作斗争。因此，对于双重犯罪的解释，存在由具体解释向抽象解释发展的趋势。① 基于我国现行立法体系，我国刑法就把针对走私、贩毒、黑社会行为、金融诈骗、贪污贿赂等七种犯罪所得以及收益予以掩饰、隐瞒的行为定为"洗钱罪"，而对其他犯罪所得、犯罪收益予以掩饰、隐瞒的行为定为其他罪。因此，我国刑法只针对不同的犯罪对象规定出了不同的洗钱犯罪罪名，而这并不代表我国《刑法》没有把针对特指的七种犯罪所得及其收益之外的掩饰、隐瞒行为规定为犯罪。所以针对特定七种犯罪以外的犯罪所得、犯罪收益加以掩饰、隐瞒的行为，依据引渡法中的双重犯罪原则，仍

---

① 参见林欣《国际刑法中双重犯罪原则的新发展》，《法学研究》1995 年第 2 期。

然构成犯罪，可以引渡。所以那种认为如果我国不把洗钱罪的犯罪对象扩大到所有犯罪就会影响司法协助的观点，值得商榷。

也有学者认为我国刑法应当扩大洗钱罪上游犯罪的范围，并且认为这是我国履行国际条约的要求，我们认为这是错误理解了《条约》的规定。《联合国打击跨国有组织犯罪公约》第 6 条规定出了洗钱行为刑事责任。该条当中第 1 款就规定，"各缔约国应按照各国法律基本原则采取相关的立法措施将以下故意行为定为犯罪"，第六条第 2 款第 2 项里面规定，"各缔约国应寻求把本条的第 1 款适于范围最大的上游犯罪"。与此同时，《国际金融行动特别工作组》对有关洗钱问题的第 4 条也规定，"各国应有必要采取各种措施，依照《维也纳公约》所阐述的方式对洗钱定为犯罪。各国应将基于毒赃的洗钱罪扩大到基于不同严重犯罪赃钱构成的洗钱犯罪。各国应确定基于哪种严重犯罪的赃钱能被称为洗钱性质的犯罪"。从上面可知，国际条约仅仅规定了各个国家应该把洗钱罪上游犯罪的范围进行扩大，没有具体规定要扩大哪些上游犯罪作为洗钱罪。很多国家也采取我国对洗钱罪这种方式立法，既然《国际条约》中没有要求具体的扩大范围，我国也就没有必要通过对洗钱罪上游扩展范围的方式打击洗钱行为。我们完完全全可以基于我国立法体系，通过划分罪与罪之间的内涵和外延来打击洗钱行为，而没有必要采取统一模式。因此，根据国际条约对扩大洗钱罪上游犯罪范围进行支持的观点值得我们考虑。

（三）洗钱罪的"犯罪数额"

在洗钱罪中，洗钱行为本身就足以对社会构成危害，因此洗钱罪是一种行为犯罪，但洗钱数额的多少对定论洗钱行为的危害性也是一个很重要的认定标准。对洗钱行为的处罚，刑法规定了罚金，但是刑法规定的罚金却以洗钱数额的多少作为基础元素或者标准。洗钱犯罪中一般都涉及数额问题，司法实践中也都把犯罪数额作为定罪量刑的依据。依据我国刑法学界对犯罪数额的分类，基本形成了两种分类法：第一种分类法按照不同的标准，将犯罪数额分成犯罪的指向数值大小和犯罪所得数值大小、直接损失数值大小和间接损失数值大小等多种。第二种分类将犯罪数额划分为罪行所及数值大小、犯罪所得数值大小和非法赢利数值大小三种。[①]

根据洗钱犯罪的特征，洗钱所涉及的数额通常涵盖以下几种：第一种是

---

① 参见陈兴良《刑法各论的一般理论》，内蒙古大学出版社 1992 年版，第 286 页。

正在洗的钱，就是正在进行兑换，或正在结算，或正在汇往境外的钱；第二种是已经洗了的钱，就是已经通过洗钱消除非法痕迹从而可以"合法"使用的钱；第三种是通过洗钱所获得的报酬收益。显然，洗钱罪中的"洗钱数额大小"应该是指第一种和第二种数额，而不应包含第三种数额。因此，洗钱数额就应是指犯罪指向数额大小。

（四）洗钱罪的"情节严重"

按照刑法第191条，洗钱罪有两个量刑标准，一般法定情节以及严重法定情节。对洗钱罪"情节严重性"标准的理解，是直接关系到如何对犯罪分子量刑定罪的问题。

首先该条文的"情节严重"是作为洗钱罪法定量刑的升级条件加以规定的，与构成要件的"情节严重"不同。作为构成要件的"情节严重"指的是只有当某行为在具有严重情节的情况时才成立犯罪。而洗钱罪中的"情节严重"是属于提高法定量刑的情节，即当行为人具有"情节严重"这个情节时，要处以比一般法定情节更加严厉的刑罚。立法者考虑到洗钱犯罪的复杂情形，将洗钱罪的法定量刑分为两个量刑标准，加以区别对待，以满足罪刑相适应的要求，与此同时也以此避免法官的自由裁量权利过大。但刑法没有对哪种行为属于"情节严重"，也没有对一定的司法解释做出规定，因此，这将会严重影响本罪规定在实践中的应用。

犯罪是指对法益的侵害，行为的社会危害性和它的程度大小一般通过行为对法益的侵害显露出来。法益是罪状的核心，不只是构成要件的建构应该以法益侵害为中心，构成要件应该反映行为对法益的侵害，并且作为量刑情节的"情节严重"程度也应该反映行为对法益的侵害程度。所以，行为对法益的侵害是定罪以及量刑的基础。正如同上文所述，本罪的客体，即指法益是经济管理秩序和司法秩序，所以，所谓的情节严重应是指行为在构成洗钱罪的基础上，对于经济管理秩序和司法秩序构成更严重侵害的情节。

在还没有正式出台法律规范以前，我们只有对现有的经验进行总结，同时结合理论做出一个大概的勾画。我们认为，凡有下列情形之一的，可归为"情节严重"：

（1）以集团或组织形式实施洗钱的。以集团或组织实施的洗钱行为具有较大的危害性，因此对于这种洗钱行为有必要重点打击，加强处罚力度。因此，以集团或者组织形式进行洗钱应该被认定为"情节严重"。

（2）金融机构以及负有反洗钱义务的特定非金融机构进行洗钱。洗钱对司法秩序的危害表现在侦查程序中，司法机关能根据赃物追踪上游犯罪行为，进而打击上游犯罪。然而，洗钱反而把违法所得及其收益予以合法化，从而阻碍司法机关对上游犯罪的打击，变相鼓动上游犯罪。金融机构以及负有反洗钱义务的特定非金融机构掌控反洗钱的相关信息及其技术，利用自身工作的方便性来洗钱，更具有隐蔽性，不易被司法机关所发现。而这将对打击洗钱与上游犯罪造成严重的障碍。所以，对这种主体洗钱应当予以从重处罚。

（3）洗钱行为数额较大的。正如其他侵犯经济秩序的犯罪要求数额一样，洗钱对经济管理秩序的侵害及其侵害程度在很大程度上都是通过洗钱的数额确定的。我国刑法划定的犯罪圈较小，刑法只处罚社会危害性较大的犯罪。因此，并不是行为人一旦实施洗钱行为，就构成犯罪。对洗钱数额较小，社会危害性不大的犯罪，可以通过行政手段予以处罚，以此体现刑法的谦抑。而把洗钱数额较大，社会危害性较大的行为作为犯罪予以从重处罚。作为加重处罚的"严重情节"，在认定"严重情节"时，数额当然是考虑的重要指标。即以行为人洗钱数额较大作为加重处罚的情节。其次，在洗钱行为中，行为人可能多次参与洗钱且没有被发现而逃脱刑事处罚，在这种情况下，把未经处理的犯罪数额，累计计算。因此，对所谓数额较大，可以规定一个具体的标准，如规定 100 万元为数额巨大。

（4）跨国洗钱，严重损害国家、政府的声誉、威望，在社会上造成严重影响的。在有些情况下，犯罪分子可能通过跨国投资等方式洗钱。犯罪分子投资的目的并不以从事正常经贸活动为目的，而仅仅是将"黑钱洗白"，一旦洗钱目的达到，犯罪分子就会立即撤资。而这将严重影响一国经济的健康发展，进而影响国家、政府的形象与威望。因此，跨国洗钱，损害国家、政府的声誉、威望，在国际社会造成严重影响的应当从重处罚。

（5）造成其他严重后果发生的。随着社会的发展，洗钱的危害可能有变化，为适应社会生活，法律作兜底性规定，以适应将来的需要。由于各种"严重情节"，法律不能一一列举，为避免挂一漏万，法律在此也可以作此兜底规定。从而严密刑事法网。①

---

① 　参见邓莉《洗钱罪立法比较研究》，硕士学位论文，西南大学 2009 年版。

三　网络洗钱罪的主体

有关洗钱罪的主体，修正以后的《中华人民共和国刑法》规定，自然人和单位包括在洗钱罪的主体当中。但是上游犯罪人是否应包括在洗钱罪的主体当中却一直是一个争论的话题。有人认为，洗钱罪的主体应当包括上游犯罪人，而也有学者给以否定。

大陆法系国家从传统理论上出发，一般认为上游犯罪主体不应当构成洗钱罪的主体，即上游犯罪的行为人被排除在洗钱罪的主体范围之外。也有人认为，从新《刑法典》对洗钱罪设置的立法本来意思上看，洗钱行为的主体是和实施了毒品犯罪、黑社会性质的有组织犯罪等上游犯罪相比较的主体而言的。从立法技术来说，洗钱罪的主体也不应当是上游犯罪的实行犯或共犯，即它只可能是上游犯罪行为以外的，与之没有共犯联系的自然人或单位。因为按逻辑上讲，犯罪分子犯罪获得财产以后，自然要对之予以清洗，使之成为合法财产，这种事后行为，从本质上讲，有阻却责任的性质，自然不应独立成罪。[①]

我国台湾地区的洗钱防治法把"掩饰或隐匿因为自己或他人重大犯罪所得财物或者财产上利益的性质、来源、所在地、所有权或其他权利者"的措辞，和大陆法系之通例相反，明确承认洗钱犯罪的主体可以是上游犯罪人。我国相关学者认为，行为人通过实施某种犯罪行为取得赃款、赃物后，对本人的犯罪所得进行洗钱的行为，与一般的隐匿行为不同。传统的赃物犯罪采取的是相对原始的手段隐藏犯罪所得，对社会危害性较小，而现代洗钱犯罪主要是利用金融机构处置、转移犯罪所得钱财的行为，有可能使金融秩序变得混乱，甚至诱发金融危机，对本国甚至其他国家金融秩序的稳定与经济安全造成威胁，其社会危害性远大于赃物罪的本罪。因此，洗钱行为的上游犯罪人也应该被视为洗钱罪的犯罪主体，严厉惩处洗钱犯罪，是维护现代金融秩序的需要。

四　网络洗钱罪的主观方面

本罪在主观方面表现为故意的行为，即明知道是毒品犯罪等特定犯罪的所得以及产生的收益，而故意隐瞒掩饰它的来源和性质。要把握洗钱罪的首

---

① 钊作俊：《洗钱犯罪研究》，《法律科学》1997 年第 5 期。

要特征，需要理解下面几个问题。

（一）洗钱罪的主观罪过

刑法理论一般对本罪的罪过形式认为是故意而不是过失。对这个问题学界一般不存在什么大的争论，但洗钱罪作为故意犯罪，那么其罪过形式到底应该是直接故意，或者还应包括间接故意，有的学界人士认为间接故意也构成本罪，也有的认为只能由直接故意构成。①

对间接故意和直接故意，刑法理论主要从意志因素以及认识因素两个方面进行区分。从认识因素来讲，间接故意是指行为人已经认识到危害结果可能发生，直接故意既可以指行为人认识到危害结果肯定会发生，也可以指行为人认识到危害结果有可能发生。在意志因素上，间接故意指行为人放任危害结果会发生，直接故意是指行为人故意希望危害结果发生。而刑法 191 条规定："明知是黑社会性质的组织犯罪行为、毒品犯罪行为、走私犯罪行为、恐怖活动犯罪行为、贪污贿赂犯罪行为、破坏金融管理秩序犯罪行为、金融诈骗犯罪行为的所得及其产生的收益，为隐瞒和掩饰其性质、来源，有以下行为之一的，处……"既然罪状显然规定行为人明知是走私犯罪行为、毒品犯罪行为、贪污贿赂犯罪行为等犯罪所得及其收益，而隐瞒和掩饰其性质以及来源，就表明行为人需要对隐瞒和掩饰的对象有明确的知晓，即明知道是法定的七种犯罪所得及其产生的收益。行为人已经明白法定七种犯罪所得及其收益却还隐瞒、掩饰其性质和来源，就可以说明行为人希望危害结果发生，而不只是放任危害结果发生。明知道必然发生洗钱危害结果，便不存在放纵危害结果发生的可能性。因此本罪的罪过应当是直接故意，而不应是间接故意。

（二）对"明知"的理解

由于对"明知"的确定关系到行为人罪和非罪，此罪和彼罪，因此，应该严格对其加以理解和把握。

有关洗钱罪主观方面明知程度，理论学界认识不一致。主要有下列几种观点：第一种观点是"确定说"。这种说法认为行为人必须明确地知道是毒品犯罪等七类特指犯罪的所得及其产生的收益，法律意义上只能表现为行为人明确性的认识而不能是不明确认识。第二种观点为"可能说"。这种说法认为，洗钱罪的行为人主观上不要求明确地知道是特定犯罪所得及其产生的

---

① 参见刘宪权、吴允锋《论我国洗钱罪的刑事立法完善》，《政治与法律》2005 年第 6 期。

收益，一旦有这种认识的可能性即可以成为本罪所述的"明知"。第三种观点是"充足理由怀疑说"。这种说法认为所谓"明知"，指的是"只要有充足证据怀疑就可以构成"①。第四种观点是"知道和应当知道说"②。这种说法认为，所谓"明知"，指的是知道或应当知道是他人从事毒品犯罪行为、黑社会性质的组织犯罪行为、恐怖活动犯罪行为、走私犯罪行为、贪污贿赂犯罪行为、破坏金融管理秩序犯罪行为、金融诈骗犯罪行为的所得及其产生的收益而对其洗钱。

第一种观点认为"明知"是确定地知道较为狭窄。明知包括确定地知道，但如果有证据推知是毒品犯罪、黑社会性质的组织犯罪等犯罪所得及其产生的收益，也应该属于明知的范畴。况且，从证据上证明行为人"确定地知道"非常困难，如果以确定知道作为明知的内容，将严重限制本罪的认定。

第二种观点认为明知是"可能知道"，这便扩大了明知的内涵。因为"可能"是一种不确定的状态，"可能知道"既包括明知，也包括可能不明知。因此，我们不能从"可能知道"中确定行为人是否明知危害结果发生。"可能知道"降低了司法人员对洗钱犯罪分子主观罪过的举证标准，有可能扩大处罚面。

第三种观点将明知理解成有充足理由怀疑，也不够准确。怀疑是一种思想状态，呈现为一种未确知的状态，这种思想状态并不能表示确切知道。即使有充足理由怀疑，也只是一种怀疑，不能摆脱"怀疑"本身的不确定性。

本书认为，上述第四种观点比较科学，即"知道和应当知道"具体指：行为人主观上确切地知道自己所清洗的对象是毒品犯罪、走私犯罪等七类特定上游犯罪所得及其产生的收益，或者根据当时的客观情况有充足的理由和根据推定行为人知道自己所清洗的对象是上述特定犯罪的所得及其产生的收益。现在许多司法解释在解释明知时都使用了"知道或者应当知道的表述"，而且还规定了"应当知道"的一些情形推定。如某官员要求某国有企业提供资金账户秘密把现金转移国外，即可推定其财产为贪污贿赂所得。需要注意的是，对明知的判断要建立在主客观相统一的基础上，既要从行为人自身的

---

① 参见胡云腾《论金融犯罪》，《法学前沿》第 1 辑，法律出版社 1997 年版，第 87 页。

② 参见曹子丹、侯国云《中华人民共和国刑法精解》，中国政法大学出版社 1997 年版，第 174 页。

年龄、知识水平、社会阅历等主观能力上进行判断，也要结合案发时的客观情况，防止主观或客观偏向。①

五　网络洗钱罪与相关犯罪

从我国刑法理论上来讲，探讨构成是认定犯罪的唯一标准，所以，区分此罪与彼罪、洗钱罪与非罪之间的关系，仍然需要从犯罪构成的角度上来进行。对洗钱罪的认定，首先需要认定犯罪对象是否应是洗钱罪规定的上游犯罪的违法行为所得及其收益；其次需要认识行为人主观上是不是明知并故意实施了隐瞒、掩饰上游犯罪的违法所得及其收益的行为；再次需要认定行为方式是不是属于刑法第 191 条的规定；最后需要认定行为本身是不是侵犯了社会经济管理秩序以及司法机关的正常活动。通过对构成要件的分析，我们可以很好的区分洗钱罪与其他犯罪。

（一）洗钱罪和巨额财产来源不明罪的区分

巨额财产来源不明罪指的是，国家工作人员的财产或者使用的财产明显超过合法收入，差额巨大，但是本人又不能说明其合法来源。该条第 2 款一同规定了隐瞒境外存款罪，该罪指的是国家工作人员在境外存款，数额较多而隐瞒不报的行为。

（1）两罪都是 1997 年《刑法》里新增罪名。它们在主观、客观方面有一定的相似性，但区别也很明显。在犯罪主体方面，巨额财产来源不明确的罪状的主体是特殊主体；而洗钱罪的主体是普通主体，包括自然人和单位。在犯罪对象上面来说，洗钱罪的犯罪对象必须是刑法明确规定的几种特殊形式的违法犯罪所得及其收益，但是巨额财产来源不明罪的犯罪对象是其不能说明巨额财产为合法来源所得，对那些不能说明的所得没有限制在一定的范围。最后，洗钱罪绝大部分是那些人采用积极作为掩饰、隐瞒违法所得及其产生的收益，但是巨额财产来源不明罪的行为人并没有掩饰、隐瞒他的财产，而只是消极的说不出其财产的合法来源。

（2）《中华人民共和国刑法修订案（六）》里面将贪污贿赂犯罪纳入到上游犯罪以后，洗钱罪的上游犯罪也不包含巨额财产来源不明罪。第一，根据罪刑法定原则，刑法分别设定了巨额财产来源不明罪和洗钱罪，那么这两个罪就是性质不同的两种犯罪。既然刑法只是把贪污贿赂罪所得及其收益定

---

① 参见邓莉《洗钱罪立法比较研究》，硕士学位论文，西南大学 2009 年版。

为洗钱罪的上游犯罪，那么巨额财产来源不明罪的犯罪行为所得及其收益就不应再构成洗钱罪的上游犯罪。第二，通过上文对洗钱罪和巨额财产来源不明罪犯罪对象的界定来看，从法律实践中，"巨额财产来源不明"罪当中的财产一般是贪污贿赂所得，只是由于证据的原因，司法机关无法证实当事人的财物属于贪污贿赂赃物。刑法上为了严密刑事法条，而设定了"巨额财产来源不明"这一罪名。但是既然刑法在上游犯罪时都无法证明其财物是贪污贿赂所得，更不应作为下游洗钱犯罪上游犯罪对象。第三，如果将巨额财产来源不明罪划为洗钱罪的上游犯罪，便违反了"禁止对一行为重复评价"原则。从巨额财产来源不明罪的立法目的来看，其实主要针对的是国家工作人员可能进行的贪污贿赂行为所得的财物，但是由于其取得财物的行为无法认定，为了避免轻纵犯罪才宣告其为犯罪的。假如在此基础上再把其归为洗钱罪的上游犯罪，在洗钱罪中再一次评价，就违反了刑法中"禁止对一行为重复评价"这个原则，所以本书认为，在洗钱罪的上游犯罪中不应包括巨额财产来源不明罪。

（二）洗钱罪和掩饰、隐瞒犯罪所得、犯罪收益罪的区分

掩饰、隐瞒犯罪所得、犯罪收益罪指的是对犯罪所得、犯罪收益进行窝藏、转移、收购等进行掩饰、隐瞒的行为。在上文中，我们已经阐述到两罪之间是法条竞合关系，就是洗钱罪是掩饰、隐瞒犯罪所得、犯罪收益罪的特定法条。虽然两罪是法条竞合关系，而且都是与犯罪所得财物有关，但是两罪之间还是有一些明显的区别：第一，两罪的犯罪客体不完全相同。前罪的犯罪客体是社会经济管理秩序和司法机关的正常活动；而后罪的犯罪客体为司法机关的正常活动。第二，两罪的犯罪对象不同。前罪的犯罪对象是毒品犯罪行为、走私犯罪行为、恐怖活动犯罪行为、贪污贿赂犯罪行为等特定犯罪行为的违法所得及其收益；而后罪的犯罪对象则是除了上述犯罪对象之外的其他犯罪所得及其收益。第三，行为方式不同。前罪表现在实施了掩饰、隐瞒特定犯罪的非法所得及其收益，使它转变为合法财产的行为；而后罪表现在窝藏、转移、收购或代为销售其他人赃物的行为，其并没有改变犯罪所得的违法性。第四，犯罪主体不同。前罪的主体不仅包括自然人，还包括单位；而后罪的主体就只包括自然人。第五，故意的内容不同。前罪的故意内容是把违法的赃物转变为合法的财物；而后罪的故意内容则仅仅是窝藏、转移、收购、销售赃物。

在实务中，如果行为人既进行洗钱行为又同时进行窝藏、转移、收购、

销售赃物的行为，对此应该成立洗钱罪与窝藏、转移、收购、销售赃物罪两个罪名，并实行并罚。

第三节　反网络洗钱的难点

网络经济下物流、资金流以及信息流的分离使得反洗钱监管变得越来越困难，尤其是电子支付业务品种繁多，且具有极大的开放性，为犯罪分子的洗钱行为提供了可能。比如传统的转账结算工具：银行卡，可以在不一样的账户间反复转账，模糊犯罪收入来源，遮掩犯罪收入去向，达到隐藏和转移犯罪收入的目的。总之，网络经济下反洗钱工作面临以下诸多问题。

一　网络洗钱的匿名性对反洗钱工作的障碍

网络经济由于其特殊性，当前还不可能实现网络实名制。另外，电子支付系统通过对密钥、数字证书、数字签名进行的认证完成交易双方身份的确认，只认"证"不认"人"的特点，决定了认证各方只能查证对方身份和余额，不能审查支付方资金的来源和性质。如果相关信息被加密，执法部门则很难知道该信息的来源、目的地，还有是否包含转移电子货币的行为，更无法在有限时间内追查和追踪洗钱犯罪。

二　网络洗钱的隐蔽性约束了异常支付交易的监测

在虚拟的交易环境下，客户实施电子支付交易，只需借助互联网就完全可以通过电子业务处理系统自动进行交易，不大可能遭遇有经验的银行里的人员，而且有关网上交易的立法也跟不上发展速度，所以洗钱犯罪很隐蔽。如没有健全的支付交易监测报告系统，银行内部就无法逐笔审查卡支付交易，并且从里面筛选出可疑交易。有些电子货币能够脱离银行账户，而且其发行主体还可以是非金融机构，并且各国的法律都还没有制定出相应的规定应对电子货币洗钱，于是加大了反洗钱监管的困难程度。

三　网络洗钱的无国界性增加了反洗钱合作的难度

互联网把整个世界转变成了"地球村"，使得地理距离变得不是很要紧，基于网络的经济活动把空间因素的制约降到最小限度，使整个全球化的经济进程加快。不少国家对洗钱的规定各不相同，洗钱者可以钻法律空子。洗钱犯罪分子的收入可以存放在洗钱管制相对薄弱地区的金融机构。并且由于网络的特性，洗钱的过程往往与好几个国家相关，如果没有良好的国际合作，很难把洗钱者绳之以法。

四 网络洗钱的即时性增加了反洗钱工作的难度

由于互联网每天 24 小时都在运转中，基于网络的经济活动很少受限于时间因素制约，可以全天候地不断运行，所以网络经济是全天候经济。与此同时，互联网可用光速传输信息，就是接近于实时的速度收集、处理和应用海量的信息。对于网络银行而言，银行客户可以出现在任何时间、任何地点登录自己的账户，并且迅速匿名转移电子货币；也可以通过银行卡在 ATM 机上实现迅速套现。相对于网上保险而言，客户也能随时随地投保、退保。

第四节 全球化背景下国际反洗钱犯罪的发展趋势

结合国内外反洗钱犯罪的现状，我们能从以下几个方面，对当前时代背景下国际反洗钱犯罪活动的趋势予以掌握。

一 制度方面——报告员制度的进一步完善

反洗钱合规是报告机构每个员工的义务，中大额和可疑交易报告是反洗钱合规里面最基本的报告。随着金融交易类型的增长和洗钱行为的复杂化，反洗钱工作也逐步深入，各国现在要求报告主体提供报告的品种更多、内容更加复杂。为了使合规工作责任落实，并和 FIU、执法和监管机构进行长期专门从事的人联系，集中培养报告机构部门合规专家，以提高报告机构部门合规水平，报告员（专员）制度在各国商业合规系统中逐渐完善起来，一个个金融情报网络在世界各国逐渐铺开。例如：随着反恐融资工作在反洗钱领域内的地位不断提升，"恐怖资产报告"成为一类单独的报告形式。

根据目前各国反洗钱类法律的规定以及实践的经验，报告员的任务主要如下：

（1）按照最新的掌握水平编制、更新和执行内部的反洗钱原则、程序以及监控措施，特别是按照新的法律规定更新组织规定。

（2）协调并组织按照规定完成应被怀疑的交易识别、记录和存储任务。

（3）根据法律规定处理应被怀疑的交易报告并向有关政府调查部门进行

举报。

（4）按照反洗钱法和内部安全措施规定的义务来保证对员工的培训，另外要根据最新掌握的水平定期告知有权进行现金以及非现金金融交易的员工洗钱的最新方法和技术。

（5）依据金融监管部门要求，监控有问题的公司和业务。

（6）制定出内部组织指令，以便那些在过去被发现的洗钱交易调查现在还能得到特别的处理。

（7）按照规定，成为检察机关和金融监管部门的反洗钱联络人员。

（8）要求国内外的分公司、子公司以及附属企业遵守反洗钱法的相关义务。

（9）向董事会提交书面报告，反映员工培训相关情况、内部监控情况以及可疑交易的识别、报告、处理的情况。

二　法律方面——监管力度加强，处罚措施更严

在经历了许多没有硝烟的反洗钱"斗争"后，面对洗钱及相关犯罪造成的巨大社会性质危害，各国政府对于反洗钱违规的情形不再不管，一律严惩不贷。美国政府更加是首当其冲，对一些违规银行、赌场，涉及洗钱或资助恐怖活动的慈善机构、基金会，不仅仅下达了整改意见书，还对其予以严厉的处罚。其中，对里格斯银行和 AmSouth 银行的处罚事件最为引人注目。北美里格斯银行由于被证实长期违规操作而被处以 2500 万美元罚款，这是当时在美国由于违反《银行保密法》而被处以的数额最高罚款。里格斯银行案件被曝光后，在美国银行监管业引起了轩然大波，之后美国参议院对美国整体反洗钱的能效性提出质疑，银行监管机构开始对一些高风险银行进行严格检查。

花旗银行在日本的分支机构由于缺乏有效的洗钱控制措施，缺少严密的客户身份识别，以致产生大量的风险交易，并且在银行产品方面构造虚假贷款，欺骗客户，而惨遭关闭的例子更是着实令人震惊。

政治上更加强硬的俄罗斯也先后对两家涉嫌洗钱的当地银行（S. dbiznes 银行和 Novocherkassk 银行）建立监测系统的犯罪预警模型，并在此基础上加强了情报分析、调查取证还有公诉审判的反洗钱体系。

我国刚诞生不久的《反洗钱法》也是有史以来国内惩处洗钱犯罪最严厉的法律。

FATF 新的 "409 条建议" 及其解释要求各缔约国对洗钱和恐怖融资适用 "单位犯罪" 的规定，就是法人也应该可以成为上述犯罪的主体，对于单位和单位负责人适用 "双罚制"。可见国际上已经不满足于行政性罚款形成的威慑，将动用刑罚手段处理严重不合规主体。因此各国被监管行业应更加审慎警觉，将 "了解你的客户"、"客户记录保存" 和各项报告义务等反洗钱内部要求强化为严格的工作纪律。

可见，国际社会对这一犯罪行为已经是痛下决心，毫不手软，以求可以亡羊补牢。

三 学理方面——洗钱犯罪类型研究备受重视

学理方面的研究主要是为金融情报工作服务的，当今，在洗钱行为正变得越来越隐秘的情势下，重视洗钱犯罪类型的研究主要基于以下考虑。

从发展的角度看，FIU 的职能范围有迅速扩张的趋势。特别是美国在 "9·11" 事件之后，FIU 都被赋予了反恐融资的职能。同时，由于对金融信息资源的深入利用，金融情报逐渐成为制定宏观经济政策以及法律的基础性信息来源和微观管理在行政上的参考，FIU 演变成为国家重要的金融信息平台系统。随着 2003 年《联合国反腐公约》的出现，FIU 又责无旁贷地担任起反腐败的职能。FIU 的职能扩大是金融信息深化利用的结果，是情报机构和金融机构相互结合、与时俱进的产物。可以说，没有金融情报机构，就没有当前反洗钱，就没有反洗钱工作所必需的枢纽以及平台；没有金融情报机构，反洗钱工作如同捕风捉影，反洗钱体系形同无基础的楼阁。

从历史的角度来看，金融情报机构的实际运行先于它的概念的形成。20 世纪 80 年代以来，随着洗钱等相关犯罪的日益猖獗，犯罪分子借助于银行保密法的漏洞，利用金融系统清洗犯罪所得来逍遥法外。社会现实亟待制度创建，以辨别异常交易，遏制滥用金融体系的恶行。各国以及地区政府当局审时度势，纷纷建立了接收以及处理金融交易报告的管理机构部门，以监督金融交易，为执法和安全机关提供犯罪线索。80 年代末期至 90 年代初期，诞生了第一批金融报告分析机构组织，例如澳大利亚的 AUSTRAC 以及美国的 FinCEN。这种金融监管、情报处理机构的合体便是 FIU 的雏形。

从国际视角看，FIU 概念的形成又是上述机构顺应形势，开展国际交流的产物。随着洗钱以及相关金融犯罪的国际化和智能化，国际社会更加重视金融情报的交流与合作。最终于 1995 年的埃格蒙特会议上确定了 "金融情报机构是一个负责接收（若经允许，也可索取）、分析并对职能部门移送被披露的金融信息的全国性中心机构"。在此后的 10 年间，随着洗钱等犯罪问题在全世界范围内的愈演愈烈，FIU 在打击相应犯罪中的独特功能日渐凸显出来，也逐渐得到了大多数国家的认同。于是，FIU 不论是在数量或是在制度创新方面在世界范围内都得到了长远的发展。目前，作为 FIU 的国际组织，埃格蒙特集团已拥有 101 个成员，建成了用于 FIU 成员之间交流信息的安全网络，大大增强了反洗钱的系统性、预见性和主动性。

四　技术支持方面——计算机系统成为中坚

德意志银行投入了 1500 万欧元进行反洗钱系统的建设；欧洲理事会联合四家欧洲信用部门联合机构建立了针对受欧盟金融制裁的个人、组织和机构的数据库——"针对金融制裁名单的统一电子系统"，简称"e - CTFSL"。该系统汇集了所有在欧盟官方杂志上公布的受欧盟金融制裁的个人、组织和机构的所有信息。该数据库可以直接和欧洲银行、商业机构的信息技术系统连接，使金融机构能更快地处理公共信息，对账户和金融资产的冻结更加有效率；澳大利亚金融情报机构将年预算 2000 万澳币的 40% 以上投入金融监管系统建设；2004 年美国金融情报机构 FinCEN 与德州 EDS 公司签订了 6 年 1850 万美元的合同，建立和运行以网络为基础的系统 BSADirect，通过该系统，FinCEN 将授权司法部门和监管机构通过网络直接从 FinCEN 的数据库中抽取数据，该系统已在 2005 年 10 月全面运作，从而进一步提高了美国金融数据收集、分析和移送的质量和效率。

之所以如此重视技术投资，是因为现在的洗钱犯罪不同于传统意义上简单的暴力犯罪，它已经成为典型的高智商和高科技犯罪，具有隐蔽性和复杂性的特点。传统的侦查和举报手段面对海量的交易数据只能望洋兴叹。在现代反洗钱工作中，报告主体和情报机构都必须依靠先进的计算机系统和分析软件。首先，报送机构要开发自身合规系统以综合所有数据，进行初步的甄别和分析。然后，通过电子形式报送金融情报机构。[1] 金融情报机构则通过自己的数据库和分析系统，对交易报告经过整理、筛选和分析，在繁多的数据中发现可疑交易信息，再通过政府部门间网络传送执法机关和相关机构。

---

① 参见吴迪《全球化背景下的洗钱犯罪及预防对策研究》，硕士学位论文，大连海事大学 2007 年版。

因此，系统建设是反洗钱工作的物质基础。作为反洗钱体系的神经末端，明智的报送主体都会在政府的指导下积极进行反洗钱系统建设，完善合规系统。作为反洗钱体系的神经节，各个国家金融情报机构更是将系统建设以及升级工作作为重中之重。

五　金融系统方面——观念改革如火如荼

金融系统在反洗钱斗争中的新形势下，正发生一场观念上的变革，因为事实证明，正是由于保密法的过度庇护，洗钱者才有恃无恐，黑钱才能大行其道。因而需要将"无条件保密"转变成"可疑交易报告"，把"无条件保密"变为"可疑交易报告"，就是以"反洗钱法"修正"金融机构保密法"的短处势在必行。只有了解客户的真正身份，同时保护客户的合法交易秘密，报告大额和可疑交易才会两全其美。

美国再一次成为这一改革的先驱者。1970年，美国通过《银行保密法》，改革了传统的银行保密制度，明确了美国反洗钱制度的基础。20世纪80年代到90年代，多数发达国家以及地区先后制定了反洗钱法，FATF的"四十条建议"的第二部分"金融机构以及非金融行业和职业应采取的反洗钱和反恐融资措施"，明确了"各国应确保金融机构保密法不得妨碍FATF建议的实施"，并规定了大量信息核实、保存以及报告制度。对金融业保密制度实施了大刀阔斧的革新。以严格的银行保密制度而著称的瑞士，也被迫在国际压力下接受了国际通行的反洗钱规则。

"反洗钱法"对"金融机构保密法"的修正，是金融领域反洗钱的号角。可以预见，对房地产、赌场、贵重金属以及珠宝、公证人、律师、会计师等非金融领域的报告工作也将展开。

第五节　我国银行业反网络洗钱的策略

网络洗钱作为随着电子商务的发展而产生的一种新型犯罪行为，其具有两个最显著的特征：一是高科技特征，是指洗钱者利用了基于在电子商务中的计算机通信技术进行犯罪活动。二是专业性，指的是洗钱者往往利用现代金融系统或者期货交易等专业技术服务工具实施洗钱。而目前，电子商务在全球已成为一种趋势，作为电子商务重要支柱的电子金融业正在经历着前所未有的深刻改革。对网络洗钱而言，电子商务正是因其具备的两个特征为网络洗钱的进一步泛滥，提供了潜在的机会。可以说电子商务在发展，网络洗钱也跟着在发展，而且随着电子商务进程的不断深入，网络洗钱的手法也会继续发展演变。

国际性的金融行动特别工作组早意识到电子货币的出现对反洗钱工作将会带来新挑战，因此在修订的 40 条建议中的第 13 条中规定："各个国家应当特别注意发展中的或者先进的技术会带来的洗钱危机，因为这些技术可能会保护匿名行为。各国在需要时，应该采取各种措施，防止这些技术被洗钱活动所利用。"1997 年欧盟制定的《打击有组织犯罪的行动计划》第 26 条建议中也涉及电子货币洗钱和网络洗钱问题，其中要求在电子支付信息系统中，发出的信息应该包括发送人和受益人的清楚信息。另外，2001 年欧盟《预防洗钱的新指令》第 3 条第 n 款也提出了非面对面业务中的洗钱问题，条文规定："成员国应当保证使服从于该指令的机构和个人采用专门的必要措施来应对洗钱犯罪的更大危险，这种危险来自于和不露面的客户建立关系或进行交易，就是非面对面的业务。"

借鉴国际经验，结合我国实际情况，对于我国防范网络洗钱活动提出以下措施建议。

一 加强法制建设，完善反洗钱犯罪法律体系

以反洗钱法为核心，构建多层的、全面的反洗钱法律系统，是我国打击洗钱活动的法律保障和基础，也是金融监管部门反洗钱监管的法律根据。

（一）确定电子货币发行主体，防范电子货币转移洗钱

明确电子货币发行主体，是为了有效地对电子货币在消费者之间的转移过程进行监控，进而有效地防止利用电子货币转移洗钱。在实际经济生活中，电子货币发行人除银行外，还有部分非银行金融机构（如一些电信网络供应商），而笔者认为，我国在法律中应明确电子货币发行主体。

首先，应在法律中明确规定由中央银行发行电子货币，使中央银行作为电子货币的发行主体。目前，世界各国均有"法偿货币"的法律规定，现行规定主要是现钞和硬币。尽管目前世界上还没有一个国家中央银行发行电子货币，但从发展趋势看不排除这种可能。例如，芬兰中央银行已考虑到电子货币的技术特点，从电子货币系统和设备的兼容性出发，计划自己发行电子货币。我国针对电子货币的流通范围不同，也应当以法律形式对法偿货币内容进行修改，增加电子货币为"法偿货币"。

其次，商业银行可作为电子货币的发行主体。如果把电子货币的发行和赎回看做是存款业务，那么商业银行自然具备这种发行资格，因为代表电子货币的资金同银行存款并没有本质区别。欧盟1994年《预付价值卡》报告指出："代表购买力价值的储存在电子钱包中的资金需要被看作是银行存款，因而只能由（商业）银行来处理。"也就是说，经营存款业务的商业银行应当和能够承担电子货币发行职能。

电子货币发行主体合法性明确后，作为发行主体的央行或商业银行，就可以对电子货币的发行进行统一注册；可以对电子货币进行统一严密的技术设计；可以利用统一的支付系统对电子货币的交易和流通进行追踪；可以对交易的电子货币价值加以限制，特别是对其最高价值进行限制，保证电子货币的小额流通，以增加洗钱者的成本；可以对电子货币在消费者之间的转移过程进行监控；可以保持充分确凿的交易记录等。①

（二）完善反洗钱犯罪法律系统，加强网络反洗钱工作立法

目前，我国尚没有专门的防范网络洗钱犯罪的法律，我国现行的相关法规主要在现金管理制度的基础上实施和制定。也就是说针对日益猖狂的洗钱犯罪，我国制定了一些临时性的法律，即将原有的现金管理制度和外汇管理制度予以修改和补充，同时强化银行内部管理机制，起到控制和防止网络洗钱犯罪的效果。例如中国人民银行1997年8月发布了《关于大额现金支付管理的通知》，2002年9月11日发布了《金融机构支付交易报告管理办法》、《金融机构反洗钱规定》、《金融机构大额和可疑外汇支付交易报告管理办法》和《加强反洗钱工作的通知》等等，一定程度上带有"过渡性质"的法制措施功能。

为此，我们建议借鉴国际社会的立法措施，国家应该制定专门的《反网络洗钱法》，明确反网络洗钱的工作职责。为防范网络洗钱犯罪发生，应从法律制度上明确授权中央银行对开办网上银行业务制定审核办法，其重点是网上交易安全以及存款人权益的保护，例如明确规定网上银行业务范畴，强化对网上信用的核对和网上交易信用监控。特别值得提出的是，新的立法中应对电子交易中的计算机记录、卡片数据的法律价值明确出来。如美国法律上已有明确规定，认为电子金融转移系统当中的计算机记录是有规律的商业活动中的痕迹，作为证据能接受，这就从法律上明确了计算机记录在诉讼中

---

① 参见潘萍《电子货币洗钱犯罪的法律对策思考》，《新疆社会科学》2005年第2期。

的法律价值。此外，目前有必要尽快建立研究、跟踪以及管理网络银行的专门工作机构，负责对网络银行进行定义、制订显示信用统计报告规范、进行协议比较和推广、研究发展模式、进行信用披露、法规审核、制定风险防范预案等。同时，应该加快制订相应的指导性规范，在不影响网络银行发展的条件下对现有的网络银行进行登记备案，初步梳理。中央银行也应该尽快建立起权威性网络银行信用网站或者披露中心，方便客户查询合法的网络银行名单和相关资料，防止金融诈骗。建立完善的信用报告以及备案制度，制定外部审查评估标准以及原则，修改相应的法律规则和规范。

二 建立情报中心，健全大额可疑资金报告制度

从我国打击经济犯罪的实际状况来看，对金融诈骗、侵占、骗税、骗汇、贪污、受贿等严重经济犯罪的查办，目前仍处于一种相对被动、滞后的状态。经侦查部门经手的大案要案大部分是由审计、纪检监察部门发现问题后才反映出来的，而由金融机构主动发现线索或者在罪犯作案过程中进行查获的寥寥无几。同时，大量案件的事后调查证明，巨款都是通过各种金融机构在不存在任何监控的情况下被转移到国外的。因此我国有必要借鉴国外经验，为畅通信息供给渠道，加强反洗钱的信息沟通，建立金融犯罪信息情报收集和分析中心。中心的主要职责是：要求金融机构对其报告大额现金交易以及可疑金融交易，将报告的情况进行分析、整理；针对可疑金融交易，报告金融监管部门调查，有犯罪嫌疑的，向公安机关报告。中心可利用计算机等工具，建立相应的数据库。公安机关根据法律规定也能进入该网络进行调查获取相关的信息和资料。通过各部门的分工合作，建立强有力的反洗钱机制。

但是作为此情报中心监测下的金融机构有验明客户身份、保存交易记录数据、披露和汇报可疑交易数据、严格内控措施等法律责任。

（一）大额、可疑交易报告制度

金融机构要建立完善的电子监控网络，在"黑钱"首次或者试图进入金融系统时应尽快向监管当局报告。按照中国人民银行制定的有关规定，金融机构如怀疑与其进行交易的客户款项有可能是犯罪所得时，必须迅速向国家外汇管理局或者中国人民银行报告，必要时也应该要求司法机关立案侦查。大额、可疑资金交易报告制度的建立，将推动反洗钱工作方式的变化，即由案发后被动性的调查，变为案前的主动控制，能有效地保护国家经济安全。

针对通过网络银行进行洗钱的行为，银行应建立起电子银行业务支付交易自动报告系统。通过计算机系统设定相应的大额以及可疑交易识别指标，利用高度自动化的电子交易自动报告系统辨别电子支付工具交易中的各种人民币和外币的可疑和大额交易，并且能与反洗钱行政主管部门进行联网，以利于及时辨别和监测分析洗钱犯罪行为。

（二）客户身份证明鉴别制度方案

金融机构在与客户建立业务或者与其进行交易时，应当依据法定的有效身份证明或其他可靠的身份识别资料，明确和记录在本机构流转的客户、尤其是资金受益人的真实身份。中国人民银行的《金融机构反洗钱规定》第10条明确要求："金融机构应该建立客户身份登记制度，审核在本机构办理存款、结算业务的客户身份。金融机构不能为客户开立匿名账户或者假账户，不能为身份不明的客户提供存款、结算等相关业务。"第11条规定："金融机构为个人客户开设存款账户、办理结算的，应该要求其出示本人身份证，进行核对且登记其身份证件上的姓名和号码。代理别人在金融机构开设个人存款账户的，金融机构应该要求其出示被代理人以及代理人的身份证件，进行核实并登记被代理人和代理人的身份证件上的姓名、号码。对不亮出本人身份证或不使用本人身份证上的姓名的，金融机构不能为其开设存款账户。"对于网上银行开户，必须严格执行银行CA认证制度。在数字签名制度下，通过银行认证中心核发公钥与私钥的方式解决身份确认问题，以防止客户使用不真实身份洗钱而使反洗钱部门的核查工作很难进行。客户以网络方式对银行提交利用电子支付工具发出的申请并且下载CA证书后，开户银行应该要求客户当面提交身份证明，核实无误后才能批准客户使用电子支付交易工具。

（三）建立方便追踪交易记录需要的电子数据库

防范电子货币洗钱行为犯罪，是高科技手段对付高科技犯罪的较量，需要发展新的信息技术能力，以提高侦查可疑网上交易和甄别客户身份的能力，对电子交易信息进行查询、分析、把握和控制，形成智能化的防范犯罪体系。但这里衍生了另一个法律问题：个人隐私权的保护。为客户保密是任何一个金融机构必须履行的法律义务，而对有关数据和信息的查询分析无疑属于个人隐私权的范畴。因此，需要通过立法，明确什么机构、在什么情况下、通过什么程序来取得数据库资料。在此方面，一些国家正在探索建立认证中心和密钥托管制度，并在立法中对认证中心的作用、应具备的条件、主要职能和责任进行界定。所谓认证中心，就是指在电子资金划拨中，确认一个权威的第三方机构充当中介人，由其保管电子货币交易各方当事人的公共密钥（public key）。在通过计算机网络进行电子货币交易过程中，一方当事人把需要传送的电子数据通过私人密钥加密形成所谓的数字签名，然后发送给另一方当事人，另一方接收后可向认证中心提出申请，请求中心发给自己一个"电子证书"，并凭其核对证实发送方的公共密钥、身份以及其他信息，解密阅读传送的文件，从而确保交易的真实性。1999 年 12 月 30 日，中国人民银行公布了《金融安全认证指南》，对电子金融活动中涉及交易双方身份确认程序、发证要求、密钥管理、权限划分、技术安全控制等均做出了明确规定。依照该项制度规定，对客户信息的授权访问在法律上不属侵犯个人隐私权范畴，从而使追踪交易记录的电子数据库成为反洗钱活动的监控记录，这就为反洗钱侦查部门调查洗钱犯罪分子的洗钱证据提供了一个司法保障。①

（四）保存记录制度

要求金融机构必须在一定时间内保存好客户的账户资料和交易记录，建立起必要的档案文件。金融机构应建立起有效的记录保存制度，涵盖建立中央数据库，至少保存 5 年所有必要的相关国际和国内交易的记录。金融机构所保存的记录必须符合重建个人交易记录的要求（如应涵盖所涉货币的类型和数量），以便有需要时对犯罪活动提供证据。在身份证明记录方面，金融机构应该在有关账户关闭后至少保存 5 年有关该账户的客户身份证明、账户档案和通信记录。

三　建立报告以及合作的激励制度

市场经济调节社会关系的主要手段为利益机制，从第三章的博弈分析中能够看出，金融机构采取是否报告或报告的程度如何是根据它的成本和收益分析来决定的，因此主管机关或政府除了要制定强制性的法律驱使金融机构必须报告外，还应该制定鼓励性的措施，使金融机构的一部分成本或损失得以补偿。因为反洗钱毕竟属于国家目标，是为了维护利益公平性，应当由国家担负一定的成本。因此建议对及时发现、报告可疑与大额信息，并且最终帮助破获洗钱犯罪的金融机构采取一定的奖励措施。例如可参照中国银行的做法，明确要求下级行将反洗钱措施的执行情况和履行相应的反洗钱的报告

---

① 参见潘萍《电子货币洗钱犯罪的法律对策思考》，《新疆社会科学》2005 年第 2 期。

制度纳入对下级行的绩效考核中，以利益激励的方式调动下级行执行可疑与大额信息报告制度的积极性。还可制定相应制度，如同意通过划分出一部分反洗钱款项而非全部上缴国库，对金融机构的报告成本予以一定的补偿，或者退回与之相关的税收、存款不提走等，保证金融机构能有较高的"报告"净收益，形成对金融机构较高的激励效应。这样不仅可以适当减少主管机关需要进行查处的概率，而且能降低监督成本，还可提高金融机构报告的努力程度。

此外，在进行反洗钱的国际合作当中也同样存在激励的问题，因为国家与国家之间的关系也要靠利益机制来进行调节。中国政府一贯的态度是，所有赃款必须全部上缴国库。这样做，反洗钱的成本和收益就有可能出现失衡。比如，某国的安全机构和银行积极帮助中国打击洗钱犯罪，追缴的赃款全部返还中国，上缴国库。这样，对于中国政府而言，收益比成本高，一部分成本外溢，而对协助国而言，成本比收益高，一部分外汇无偿流出，说不准还会因此导致国际收支的困难。那么，黑钱的流入国有可能对协助中国政府的反洗钱工作热情不高，力度不够。有的国家对追缴的非法收入提出分成制度，将追缴的非法收入与协助国分成，在一定程度上提高了协助国的热情。

四　建立专门反洗钱机构，强化反洗钱国际合作

建立专门的反洗钱机构，无论在国际范围内还是在国内，对打击和预防洗钱犯罪，都有着十分重要的意义。

2005 年 1 月，中国成为"金融行动特别工作组"的观察员。同年 10 月，欧亚反洗钱和反恐融资小组在莫斯科成立，中国是创始成员国，标志我国反洗钱国际合作迈出重要一步。在反洗钱工作机构以及体系建立方面，2004 年中国建立和完善了由人民银行牵头，涉及 23 个部委参加的国务院反洗钱工作部际联席会议制度；建立了由银监会、人民银行、证监会、保监会以及外汇局参加的金融监管部门反洗钱协调制度。人民银行在同年专门成立了中国反洗钱监测中心，负责收集分析大额以及可疑资金交易报告。

洗钱犯罪是一种跨国性犯罪，必须依靠国际社会的共同努力，才能形成有效打击。各国不仅要在反洗钱的立法上相互协调，而且要在行动上协调。特别是在当今世界洗钱技术不断有新的发展，网络手段对洗钱犯罪起到推波助澜作用的形势下，国际社会加强反洗钱的合作，并借助于高新技术手段打击洗钱犯罪，使"黑钱"无处可流、无处可洗，才能收到更好的效果。我国政府已充分认识到这一点，为此，早在 1989 年就批准加入了《联合国禁毒公约》，全面履行惩治清洗毒赃犯罪的国际法义务，这说明我国政府同国际社会共同与洗钱犯罪作斗争的坚定决心。近几年，我国又陆续成为有关反洗钱多边国际公约的缔约国，并且积极参加相应的国际组织，在交换洗钱情报、协助调查、证据收集以及引渡洗钱罪犯等方面与世界海关组织、国际刑警组织、金融行动特别工作组等国际组织加强国际合作。总之，积极参与反洗钱国际合作，对于遏制洗钱犯罪，维护社会稳定和国家经济安全，维护国家良好国际形象，具有十分重大的意义。

　　无论采取何种防范措施，政府当局都要对防止、打击洗钱犯罪和保护、促进商业发展之间保持平衡。既要不伤害正常的电子货币以及经济活动的健康发展，又需要对电子货币和市场的运作进行有效监管；不仅要不妨碍技术创新和依法保护客户隐私，还要严密防范犯罪。因此，如何制定适合我国国情以及经济发展状况的法律法规，规范电子货币市场，就需要商家、货币管理当局、消费者以及执法部门的共同努力。

第六节　反网络洗钱法律基础

一　反洗钱的国外立法

　　随着洗钱犯罪的影响逐步扩大，各国也越来越对反洗钱工作加以重视，很多国家纷纷制定出强有力的反洗钱立法，以力求尽可能的规制日益猖獗的洗钱犯罪，其中某些国家取得了很好的成绩，他们反洗钱的法律制度值得我们学习和借鉴。

　　（一）英美法系相关国家的反洗钱立法

　　1. 美国的反洗钱立法

　　洗钱犯罪产生于美国，美国也成为世界上最早对洗钱活动进行刑事立法的国家。早在 1965 年，美国就通过了麻醉品控制法令，打击贩毒洗钱。随后又通过了《1970 年银行保密法》等一系列法律，建立大额现金交易报告制度和以交易报告为核心的反洗钱法律体系。到 1986 年，美国又通过了著名的《洗钱控制法》，该法案中这样定义洗钱："任何人明知一项金融交易的财产属于非法所得但仍然进行或者企图进行涉及法定非法活动所得的交易；故意促成非法活动或故意隐瞒非法所得的性质、地点、来源、所有权、控制权；逃避州或联邦法律规定的申报制度的行为；任何人从美国的某地向美国以外的某地转移或企图转移货币工具或资金；或者从美国以外的某地向美国的某地转移或企图转移货币工具或资金，明知所转移或企图转移货币工具或资金涉及非法所得，而故意隐瞒该非法所得的性质、地点、来源、所有权、控制权，逃避州或联邦法律规定的申报制度的行为。"① 美国"有组织犯罪委员会问题咨询委"将洗钱解释为："为了掩盖收入存在的非法来源或非法使用，就该等收入设置假象使其表面合法性的过程。"② 可以说，美国是最早建立反洗钱法律体系的国家，它的反洗钱法律规范相当精细，仅《1986年洗钱控制法》就涵盖了170多种犯罪行为作为洗钱的上游犯罪，该《洗钱控制法》还规定了具体的几种洗钱犯罪，构成这些犯罪将被判处20年有期徒刑和50万美元罚金或两倍于所洗黑钱的罚金、没收财产。由此可见，美国的反洗钱规定是相当健全和严厉的。

2. 英国的反洗钱立法

英国是著名的国际金融中心，它的金融业的发达，也注定了这里成为洗钱犯罪分子活动的天堂。曾存在的 BCCI（国际信用与贸易银行）便是一个例子，BCCI 曾拥有3000个犯罪客户，假如你查询任何一条账目，都可以发现其资金来源于军火走私，毒品交易，此位置成为洗钱的中心，后来被警方所取缔。③ 由于要打击猖獗的洗钱犯罪，英国政府制定了一些严密的反洗钱法令，主要有：《1986年毒品贩运犯罪法》、《1988年刑事司法法》、《1989年预防恐怖主义法》、《1990年刑事司法（国际合作）法》以及《1993年刑事司法法》等等。这些规范大致分三个层次：

（1）议会制定了的单行法律；

（2）由财政部依据法律授权制定的反洗钱法规；

（3）各个金融监管机构的金融业商会等组织依据法律和法规制定颁布的适用于本行业或者本组织所属机构的指导准则。

这些规范，一层比一层更加细致，更加严密。不同的法律规定着不同种类的洗钱罪，其中主要有：帮助他人保持犯罪利益罪；获得、占有或者使用

---

① 参见梁英武《交付交易与反洗钱》，中国金融出版社2003年版，第7页。
② 参见莫洪宪《周娅：英美刑法之严格责任述略》，《河南省政法管理干部学院学报》2004年第4期。
③ 参见米切尔·里费、米切尔·高德《英国的洗钱犯罪》，王淼、吴肖天译，警官教育出版社1998年版，第3页。

犯罪收益罪；隐瞒或者转移犯罪收益罪；不披露洗钱行为罪；泄密罪等等。[①]英国的反洗钱措施，主要是建立在可疑交易报告制度之上，它在借鉴美国先进经验的同时，又有自身的鲜明特色。

3. 澳大利亚的反洗钱立法

"澳大利亚在国际反洗钱活动中被公认为是最富有成效的国家之一，无论是在法制建设，还是在组织体系设计上，都采取了严密的措施，对洗钱活动进行了有效的预防和全面的控制。"[②] 澳大利业的反洗钱立法主要有以下两个，即：《1988 年现金交易报告法》和《1987 年犯罪收益法》，其中《1988 年现金交易报告法》对现金交易的范围和程序有严格规定：超过 1 万澳元的现金交易必须报告，可疑交易必须报告，不允许匿名开户。由此可见，其金融控制是非常的严格。根据《1988 年现金交易报告法》，澳大利亚还成立了专门的反洗钱机构"澳大利亚金融交易报告分析中心"，专门对每个金融机构提供的报告进行分析、审核，该机构对打击洗钱活动，起着非常重要的作用。[③]

4. 加拿大的反洗钱立法

加拿大和美国紧密相连，两国之间有一条绵延千里的不设防的边界，来往两国之间的走私贩毒十分猖獗，洗钱犯罪也随之发展起来。在 1989 年，美国和加拿大共同发表了一篇报告，在报告中指出，每年约有 10 亿美元的贩毒所得在两国流通，所以，加拿大也很重视反洗钱工作的开展。加拿大的反洗钱法律体系主要包括以下几个法律：1991 年的《犯罪所得（洗钱）法》、1993 年的《犯罪所得（洗钱）管理条例》、《议案 C－61》、《议案 C－102》、《反恐怖主义法》。在 1990 年 1 月，加拿大政府成立了关于洗钱问题的顾问委员会，并由财政部长担任委员会主席。2000 年 7 月，加拿大又成立了"金融交易报告分析中心"专门接受和分析可疑交易报告。专门的监管机构和健全的法律体系相互配合，使得加拿大在反洗钱问题上取得了良好的成效。

（二）大陆法系有关国家的反洗钱立法

1. 德国有关反洗钱立法

德国的反洗钱法律文件主要有如下几个：1992 年德国议会制定出的

---

① 参见阮方民《洗钱犯罪的惩治与预防》，中国检察出版社 1998 年版，第 47 页。

② 参见梁英武《交易支付与反洗钱》，中国金融出版社 2002 年版，第 79 页。

③ 参见朱静《国际反洗钱法律制度研究》，硕士学位论文，西南政法大学 2007 年版。

《防止毒品贩运与其他形式有组织犯罪法》，以及 1993 年 10 月为履行《欧洲反洗钱指令》，德国议会制定出的《洗钱法——关于追查严重犯罪收益法》和 1999 年 1 月 1 日正式生效的《德国刑法典》。当中，《德国刑法典》规定：对犯罪所得予以"隐瞒、掩蔽其来源，或对核查其来源，发现、充公、没收或者查封这些物品加以阻挠或危害的"构成洗钱罪，犯此罪未遂的，也应处罚；过失犯本罪的，处以两年以下自由刑或者罚金。该法典对洗钱罪的上游犯罪规定得十分广泛，几乎包含各种重罪，可见德国严厉打击洗钱的立法精神。

2. 法国的反洗钱立法

早在 1960 年法国议会对《法国刑法典》修订案中就规定：将犯罪的非法收入给予合法化证明的行为是犯罪行为，该规定首开了世界上刑法典惩治洗钱犯罪的先河。1988 年 12 月 23 日，法国议会通过《法国海关法》的法令中规定，跨国清洗毒赃行为是刑事犯罪。1994 年 7 月 22 日，法国议会对《法国刑法典》进行修改，在新《法国刑法典》中，仍然有规定清洗贩毒赃钱的犯罪，该法第 222 条第 38 款规定：凡为贩毒财产来源或收入作虚假证明提供条件，或知情而故意为隐藏、投放或兑换此种犯罪所得之任何活动给予协助的，处以 10 年监禁并处以 100 万法郎罚金；第 225 条第 2 款规定：为淫媒谋利者证明其虚假收入来源提供方便的，视为淫媒谋利，处 5 年监禁并处以 100 万法郎罚金。相对于美国等国家，法国的反洗钱刑事责任的范围相对较小。在 1990 年，法国议会又通过了专门的《反洗钱法》，规定了金融机构在反洗钱活动中应起的作用和义务。到 1991 年，法国银行监管委员会和法国司法部分别颁布了行政法规作为《反洗钱法》的配套实施细则，由此形成了法国今天健全的反洗钱法律系统。①②

3. 瑞士的反洗钱立法

瑞士由于一直坚持银行保密法而一度被犯罪分子认为是"洗钱的天堂"，但是，随着世界反洗钱运动浪潮的到来，瑞士也积极的行动起来。1990 年瑞士刑法规定：对一切犯罪所得的清洗行为，均应定罪并给予处罚。1996 年修订的《瑞士联邦刑法典》第 305 条规定：实施阻挠调查非法财产来源，寻找或没收自己明知道或应当知道为行为人犯罪所得财产利益的行为的，处监禁

---

① 参见罗结珍译《法国刑法典》，中国人民公安大学出版社 1995 年版，第 68—82 页。

② 参见徐久生、庄敬华译《德国刑法典》，中国法制出版社 2000 年版，第 124 页。

刑或罚金，情节严重的处 8 年以上监禁刑，可并处 100 万以内瑞士法郎罚金。其中，情节严重是指：作为犯罪组织的成员为上述行为的、作为继续实施洗钱行为而纠集的集团的成员为上述行为的、因职业洗钱数量巨大或获利很多的，并规定主行为是在外国实施且该行为在犯罪地同样受处罚的，行为人亦应受处罚。

由此我们可以看到，反洗钱运动的兴起是世界经济发展的大势所趋，关乎每一个国家的利益，各国都应该积极行动起来。①

二 反洗钱的国际公约

（一）关于反洗钱的全球性公约

随着国际洗钱犯罪日益猖獗，作为统领国际社会的国际组织，联合国率先举起了反洗钱的大旗。联合国打击跨国洗钱犯罪的方式主要有三个：首先，在一些达成共识的领域，制定国际公约，实施反洗钱活动，规范反洗钱的实体法律和程序。如：1988 年的《联合国禁止非法贩卖麻醉药品和精神药物公约》（简称《联合国禁毒公约》）。其次，发布指导性国际文件。如：巴塞尔银行监管委员会发布的《关于防止犯罪分子利用银行系统从事洗钱活动的原则声明》。最后，开展各种反洗钱的国际项目，促进一些成员国完善其反洗钱机制。② 最著名的反洗钱国际公约有如下几个：

其一，《联合国禁止非法贩卖麻醉药品和精神药物公约》（简称《联合国禁毒公约》），于 1988 年 12 月 19 日在联合国大会通过，它是在北美、欧洲一些重要毒品消费国和洗钱泛滥国家的倡导下制定的，至今已经有 100 多个国家签署，我国也是签署国之一。

《联合国禁毒公约》不仅对打击跨国毒品犯罪和有组织犯罪有着深远的意义，它更是国际社会制定的第一个惩治洗钱犯罪的国际性法律文件。该公约首先明确了毒品洗钱犯罪的性质和含义，在其第 3 条第 1 款的 b 项将以下行为确定为刑事犯罪：明知是毒品犯罪所得的财产，为了隐瞒或掩饰该财产的非法来源或为了协助任何涉及此种犯罪的人逃避其行为的法律后果而转换或转让该财产；隐瞒或掩饰该财产的真实性质、来源、所在地、处置、转移

① 参见徐久生译《瑞士联邦刑法典》，中国法制出版社 1999 年版，第 98 页。
② 参见朱静《国际反洗钱法律制度研究》，硕士学位论文，西南政法大学 2007 年版。

相关的权利或所有权。①

其次，该公约还明确了打击毒品洗钱犯罪的刑事方式以及缔约国的强制性义务，同时还初步明确了侦查、识别毒品洗钱案件的国际合作机制。更加值得称道的是，在该公约第5条第5款明确了缔约国没收犯罪收益的义务并且创立了可行的处理机制。同时，该公约还强调：缔约国不得以保守银行机密而拒绝采取行动或者提供法律协助。可以说，《联合国禁毒公约》的诞生，是国际社会携手遏止跨国洗钱犯罪的一个跨时代的里程碑。

其二，巴塞尔银行监管委员会发布的《关于防止犯罪分子利用银行系统从事洗钱活动的原则声明》，也是早期对国际反洗钱工作起着重要指导作用的国际文件之一。

巴塞尔银行监管委员会于1975年成立于瑞士，它由美英等十多个成员国的中央银行和监管当局的代表组成，其职权主要是交流金融监管信息，制定监管条例，加强监管机构之间的国际合作，其秘书处设在国际清算银行。1988年12月，巴塞尔银行监管委员会通过了《关于防止犯罪分子利用银行系统从事洗钱活动的原则声明》（以下简称《巴塞尔原则声明》），对国际反洗钱工作产生了重要的积极作用。《巴塞尔原则声明》包含序言和原则声明两个大的部分，在序言第一条中对洗钱犯罪如此定义：银行和其他金融机构可能在无意中被用作转移或者存储来自犯罪行为的资金的中介。罪犯及其同伙利用银行系统付款和将资金从一个账户转往另一个账户，掩盖资金的来源和受益的所有人，以及通过保管设施保存银行票据，这些行为一般称之为洗钱。《巴塞尔原则声明》在内容上主要提出了以下几个原则：（1）客户身份识别原则。《巴塞尔原则声明》要求银行系统建立起有效的程序以获得客户的有效的身份证明，确定客户的真实身份，预防犯罪分子利用银行系统洗钱。（2）遵循法律原则。《巴塞尔原则声明》要求银行系统开展的业务符合职业道德标准，并严格按照有关金融交易的法律和制度进行。（3）与司法当局合作原则。《巴塞尔原则声明》要求银行系统充分与国内或者国际执法当局合作。一旦银行获知的信息足以推断出存款资金来自犯罪活动或者进行的交易是以犯罪为目的，应当采取符合法律的适当措施。现在，《巴塞尔原则

---

① 参见全国人大常委编著《国际反洗钱法律文件汇编》，中国财政经济出版社2003年版，第17页。

声明》已经为全球范围的银行和金融监管当局所广泛接受和借鉴。①

　　其三，《资本洗涤问题金融特别工作组四十条建议》（简称《FATF 四十条建议》），是金融行动特别工作组（FATF）在 1990 年发布的控制洗钱问题的国际文件。

　　金融行动特别工作组（FATF）是一个专门致力于控制洗钱犯罪的国际组织，它是根据 1989 年 7 月的七国首脑巴黎峰会共同发表的经济宣言建立的。目前，该组织已经成为重要的全球性反洗钱组织，在国际反洗钱领域具有重要的位置，发挥着核心作用。该工作组设立了主席、秘书处和一个工作指导小组。主席任期一年，他还可以根据组织的授权邀请有关的国际组织（如国际货币基金组织、国际刑警组织、国际清算银行等）或者区域性国际组织参加工作组的活动。该组织最大的贡献就是发布了《资本洗涤问题金融特别工作组四十条建议》，该建议已经成为反洗钱方面的国际公认标准，它包含了改进国内法律体制、确定客户身份和保存记录、加强国际合作等多个部分。相比《巴塞尔原则声明》，《资本洗涤问题金融特别工作组四十条建议》有着实际的创新意义：该建议的有关措施不仅适用于银行，也适用于非银行金融机构，并尽可能地适用于其他接受大量现金的行业或组织。《资本洗涤问题金融特别工作组四十条建议》拓宽了反洗钱措施的适用范围，更好地适应了反洗钱的时代发展。《FATF 四十条建议》强调了银行系统在反洗钱中的重要作用，它要求银行根据客户的有效身份证明识别客户，并记录其身份资料，且要求银行对客户保存的所有资料至少保存 5 年时间以备查阅。该建议要求银行特别注意那些不具备明显商品贸易关系或其他合法目的而进行的频繁、复杂的大额交易，银行有责任尽可能查明其目的并报告反洗钱主管当局。另外，《FATF 四十条建议》强调要求银行特别注意那些来自"洗钱天堂"的资金和客户，尽可能地查明他们交易的背景和目的并报告反洗钱主管当局。同时，该建议要求在采取反洗钱措施的时候各个成员国的相互合作，配合行动。可以说，《FATF 四十条建议》的成功发布，是国际反洗钱历史上的又一个里程碑。②

　　其四，《联合国反腐败公约》（简称《公约》）是由联合国大会在 2003 年 12 月 31 日予以通过的，它将反洗钱罪的上游犯罪范围进一步扩大，并且把

---

① 参见朱静《国际反洗钱法律制度研究》，硕士学位论文，西南政法大学 2007 年版。

② 同上。

腐败犯罪的收益的清洗列入国际公认的洗钱行为。

对于国际洗钱犯罪，《公约》主要是通过以下内容进行归制：

（1）《公约》第 14 条规定了预防洗钱犯罪的具体措施。《公约》督促各成员国家在自己的职权范围内，对银行与非银行金融机构和其他一些可能涉及洗钱的机构建立健全管理、监督制度。《公约》要求各成员国金融机构在金融交易时应确认客户身份，普遍采取实名制的方式，同时，要求金融机构保存好交易记录，有利于执法机构能取得犯罪证据和了解交易情况。此外，公约还规定了可疑交易报告制度：凡是金融机构对其有理由怀疑的各类交易，不论金额大小，应随时向相关当局报告。《公约》规定缔约国可在不妨碍资金合法流动的前提下，采取措施跟踪和监测现金以及有关流通票据跨境转移情况，有关机构可以要求个人以及企业报告大额现金和相关流通票据的跨境转移。这些防范性措施与巴塞尔银行监管委员会的相关规定基本一致，在反洗钱工作中相当重要。①

（2）《公约》开创性地规定了资产追回机制，包括资产的返还、没收及处分。《公约》第 53 条规定了这种直接追回资产的措施（Measures for the Direct Recovery of Property），它是指一缔约国在其资产因腐败犯罪被转移到另一缔约国，在另一缔约国没有采取没收等处置措施的情况下，通过一定的途径，主张对该资产的合法所有权而将其追回的机制。新模式的开创，极大地拓宽了各缔约国开展国际合作渠道。

（3）在《公约》第 23 条当中对"对犯罪所得的洗钱行为"做了详细规定："各缔约国均应该根据本国法律的基本原则采取必要的立法和其他措施，将下列有意实施的行为定为犯罪：明知财产为犯罪所得，为了掩饰或者隐瞒该财产的非法来源，或为协助任何参与实施上游犯罪分子逃避其行为的法律后果而转移或转换该财产；明知财产为犯罪以后所得而隐瞒或者掩饰该财产的实际来源、性质、所在地、处分、转移归属权或者相关的权利。"该条还规定："为实施或适用本条第 1 款：各缔约国均应该至少将其根据本公约确立的各类犯罪列为上游犯罪；或各缔约国均应该寻求将本条第一款适用于范围最为广泛的上游犯罪；相对于前项而言，上游犯罪应当包括在相关缔约国管辖范围之内以及之外实施的犯罪。但如果犯罪发生在缔约国管辖权力范围

① 参见杨宇冠、吴商庆《联合国反腐败公约解读》，中国人民公安大学出版社 2004 年版，第 135 页。

外，则只有当该行为依据其发生地所在国法律应为犯罪，而且根据实施或适用本条的缔约国的法律该行为如果发生在该国也为犯罪时，才能构成上游犯罪。"该条详细地讲明了洗钱犯罪的构成要件，上游犯罪范围。简单地说，《公约》要求各缔约国均应该规定最为广泛的上游犯罪，应该至少将《反腐败公约》确立的各种犯罪列为上游犯罪（涵盖贿赂行为、贪污行为、影响权力交易、滥用职权、资产非法增加以及妨害司法等犯罪），并且上游犯罪应该包括在有关缔约国管控范围之内和之外进行的犯罪活动，但应遵循双重犯罪原则。这强有力地扩大了国际反洗钱工作的范围，具有明显的积极意义。

（二）关于反洗钱的区域性公约

虽然在联合国的主导之下，国际社会已经建立了一些卓有成效的公约，但是，各个国家的法律制度、道德风俗等方面的巨大差异性，决定了这些公约还不能完全满足一些国家和地区的实际需要。于是，区域性国际立法开始行动，一些国家根据其自身的实际需要，达成了新的区域性公约，以此弥补前法的不足。著名的反洗钱区域性公约有以下几个。

最早对洗钱问题予以关注的区域性组织是欧盟理事会。它成立于1949年，该组织对国际反洗钱工作提议了很多创新性的意见，特别是它在1990年制定《欧洲理事会关于清洗、追查、扣押和没收犯罪收益的公约》，这对国际反洗钱工作产生了积极影响，这也是国际社会首个对所有洗钱犯罪进行法律控制的国际性的刑事合作公约。公约的主要内容和特点如下：

（1）拓宽了洗钱犯罪的刑事管辖权。该公约第6条第2款规定：对于洗钱犯罪的管辖，缔约国是否对产生收益的上游犯罪拥有管辖权，无关紧要。这种更加广阔的创新性的管辖方式，无疑更加符合国际社会反洗钱运动的发展趋势。

（2）该公约在贯彻《联合国禁毒公约》精神的基础上，将反洗钱的视野投向了毒品犯罪收益以外的更广泛的领域，包括所有犯罪的非法收益。在公约第6条第1款明确规定了洗钱犯罪含义：明知财产是犯罪收益，为了掩饰或者隐瞒该财产的非法来源，或者为了协助任何参与犯有原生犯罪的人逃避其行为的法律责任，而转让或者转换该财产的；在收取财产时，明知其为犯罪收益而获得、占有或者使用该财产的；明知财产是犯罪收益，掩饰或者隐瞒该财产的真实来源、性质、所在地、处置、转移相关的权利或者所有权的；参与合伙进行或共谋进行，进行未遂，以及教唆、帮助、便利和参谋进行按本条确定的任何犯罪。

（3）在协助调查方面，除规定了缔约国应当根据请求尽量提供广泛的协助以外，此公约第 10 条还创新性的提议一个"自发通知"的义务，即：当不损害本国的诉讼和调查的情况时，任一缔约国如果认为披露有关收益或者工具的信息，可以帮助该接受信息国进行调查、立案或诉讼，或可能导致该缔约国根据本条发出请求的，可以无须事先请求而对另一缔约国提供上述信息。这样的规定对促进缔约国之间的信息交流能产生积极的意义。在管辖权上有这样创新性质的规定，在国际刑事条约中还属首次。

除了欧洲，美洲国家也在积极的行动制定反洗钱区域性法律制度，比较著名的是由美洲国家组织于 1992 年 3 月在巴哈马的纳索通过的《美洲反洗钱示范法》。这部区域性反洗钱刑事立法的主要特点有以下几个：

（1）明确设立了过失洗钱犯罪，虽然对于不是明知，但是应当知道是与毒品贩运相关的犯罪收益或者是毒品贩运收益，而实施了协助清洗行为的，仍要以洗钱罪论处。

（2）犯罪主体方面，除了规定自然人可以构成洗钱罪外，还首次引入了企业、公司可以构成洗钱犯罪主体的规定。

（3）在客观要件方面，拓展了传统性的洗钱罪仅限于直接帮助毒品犯罪人员清洗犯罪收益的概念，把另外的与洗钱可能相同行为归入打击洗钱的范围。后来，该组织在 1999 年 6 月又通过的新的《美洲反洗钱示范法》，把洗钱罪的范围扩大到涵盖其他严重犯罪以及毒品犯罪的收益。所说的"严重犯罪"，是指由各国立法制定的犯罪，包括那些与恐怖犯罪行为、有组织犯罪行为、非法贩运军火行为、贪污行为、人口或人体器官犯罪、欺诈和绑架有关的犯罪。①

从上述的相关国家立法和国际公约关于洗钱犯罪的规定来看，我们可以看出越来越多的国家和国际组织都在致力于反洗钱事业的发展。而且，我们从这些先进的反洗钱立法中可以看出，扩大对洗钱犯罪的打击范围，全方位、多角度的控制洗钱犯罪，以及加强国际合作是先进的反洗钱立法的共同趋势。

---

① 参见赵秉志、杨诚《金融犯罪比较研究》，法律出版社 2004 年版，第 184 页。

三 网络洗钱的对策

（一）法制手段

1. 强化和完善网上保险、网上银行、电子货币等方面的法律制度

制定出《电子资金划拨法》，实行对网上银行开展网上支付、网上资金转移的有效监督。制定出《电子货币法》，确定电子货币的发行主体和各主体的权利以及义务，从源头上对电子货币实行监管，要求发行主体对客户身份实行鉴定和证明，建立对可疑交易以及大额交易的报告制度，要求有关金融机构必须在一定时间内保存客户的交易记录和账户信息，建立必要的文本档案。通过对于电子货币的管理、发行方面的规定，进而预防网络洗钱行为的发生，而且为洗钱犯罪的事后处罚提供了法律依据。

2. 网上金融机构市场进入限制

为了防止洗钱分子通过利用或控制网上保险、网上银行、网上店铺等机构洗钱，需要对这些网上金融机构进入市场的条件和资格进行审核，包括对初始设立的网上银行开展审批业务的限制，在认证、安全、保密和私密、风险提醒、网络连接、跨境服务等方面做重点的审批，从而在源头上防范洗钱。

3. 建立出信息披露制度

信息披露是规定网上金融机构应当将其在执业过程中获悉的超出法定数额、有洗钱嫌疑的客户的有关信息报告给监管当局，以控制洗钱犯罪行为的一系列法律法规的总称。制定出信息披露主要是政府针对信息不对称性而采取的措施。银行实行信息披露后，银行负有法定的对特别交易保持高度警惕的义务，这样一来，一方面执法机关能够获悉洗钱信息，收集证据，打击犯罪行为；另一方面增长了洗钱者洗钱的难度，能够预防洗钱犯罪。

4. 建立制度，提高网上洗钱的成本

传统的洗钱中介人所提取的洗钱费用为 25%—50%，而通过网络洗钱，无须通过中介者进行，降低了费用，又因为减少了交易环节而风险小。从经济学角度分析洗钱行为由于罪犯对预期的收益超过预期的成本，所以才进行犯罪，因此对洗钱犯罪的制裁最终还必须靠剥夺其经济来源来实现，控制洗钱的根本出路在经济上的严格控制。对于查处的洗钱犯罪进行严厉处罚。同时提高洗钱者的洗钱成本，比如对于网上保险可能出现的"长险短做"的现

象，可以通过提高退保手续费来限制那些别有用心的投保行为。

（二）技术手段

1. 信息检测技术

在网上支付过程中，可以运用数字认证技术将个人资料进行控制，从而控制、检测交易的发生和发展。同时，CA 认证中心在严密审查的基础上签发的真实、有效的私人信息和资料，可以有效地核实客户身份，了解客户身份，和数字认证技术所取得信息形成比照，从而检测出疑似洗钱的网上支付交易，及时向有关部门作出报告。此外由于网络信息的可修改属性，又使网络证据的可信性受到人们质疑，而计算机取证技术通过制定出相应的取证原则和程序，能够获得令人信服的证据材料。

2. 信息共享技术

建立网上交易数据库，对可疑的交易信息实现追踪和分析，实现网络取证。在数据库的基础上，搭建网络洗钱监测信息共享平台，实现与各反洗钱机构的信息共享。通过将公安部提供的个人身份真实信息与技术监督部门和工商行政管理提供的法人真实身份信息数据库接入金融机构，便于金融机构实时查实客户身份真伪。

3. 智能监测技术

运用数据挖掘以及知识发现等智能技术对网上大量金融数据进行分析，建立异常资金转移状况的预警模型。通过设定网上可疑与大额交易的识别标准，结合预警模型，建立出网上可疑交易自动报告系统。当犯罪分子有网上交易洗钱行为时，这个自动报告系统便能鉴别出并生成可疑或者大额报告，向有关决策机构提供依据。

第七节　国际社会反洗钱立法的比较

由于洗钱罪是一个跨国犯罪，危害性极为严重，世界各国和地区针对本国和地区不同情况，分别制定了各种的反洗钱法律规范。为了学习借鉴国外先进的立法经验，完善我国反洗钱立法，以便更加有效地预防和惩治洗钱犯罪，现分别对英美法系国家如英国、美国，大陆法系国家如瑞士、德国，俄罗斯联邦国家以及我国四个法域关于洗钱罪构成要件作一比较分析，取其精华去其糟粕。

一　洗钱罪的对象

（一）英美法系国家刑法当中洗钱罪的对象

1. 美国刑法中洗钱罪的对象

依据美国《洗钱控制法》的有关规定，洗钱罪的相关对象必须是"特定的非法所得"。根据有关规定，主要是某些非常严重的犯罪，如贿赂罪行、毒品罪行、盗窃罪行、敲诈勒索罪行、绑架罪行、抢劫罪行、纵火罪行、暴利罪行、谋杀罪行等犯罪的非法所得财产，但是不包括恐怖犯罪以及税务犯罪。

2. 英国刑法中洗钱罪的对象

英国刑事立法中对洗钱罪的对象规定可以分为三类：

第一类是指在《1989 年防止恐怖主义（暂行规定）法》中规定的协助控制或者保持恐怖犯罪资金罪的对象，限于恐怖犯罪活动的资金。

第二类是指在《1986 年毒品贩运犯罪法》中规定的"协助他人保持或毒品贩运利益罪"的对象，限于毒品犯罪所得的财产。

第三类是指在《1993 年刑事司法法》中规定的洗钱罪诸如"协助他人保留犯罪收益罪"、"持有、获取或使用犯罪收益罪"、"转移或隐瞒犯罪收益罪"等罪的对象，就是除上述两类犯罪行为所得收益之外的其他任何应予以起诉罪所得的收益。因此，从这个意义上来说，英国刑法中洗钱罪的对象指的是各种严重犯罪所得到的财产。

（二）大陆法系国家刑法中洗钱罪的对象

1. 德国刑法中洗钱罪的对象

根据《德国刑法典》第 261 条的规定，洗钱罪的对象仅指若干特定犯罪所得的财产，这些特定犯罪包括：《麻醉剂法》或《原料监管法》规定的轻罪和贪污罪、重罪、资助诈骗罪、诈骗罪、伪造证件罪、背信罪、受贿罪等轻罪。

2. 瑞士刑法中洗钱罪的对象

根据《瑞士刑法典》第 50 条的规定，洗钱罪的对象必须是来自"犯罪所得"的"财产利益"，但是，当中的"犯罪所得"并非泛指所有刑事犯罪所得，因为《瑞士刑法典》将刑事违法行为划分为"犯罪行为"和"轻罪"两类，所以，这里面所指的"犯罪行为"应该为"严重犯罪"即严重的刑事违法犯罪行为，具体可以涵盖抢劫罪、盗窃罪，以及银行管理工作人员、公务员、职业的资金管理专业人员利用职权犯的收受赃物罪、贪污罪、非法拘禁罪、背信罪、绑架罪及毒品犯罪等。

（三）俄罗斯联邦刑法中洗钱罪的对象

根据《俄罗斯联邦刑法典》第174条的规定，洗钱罪的对象必须是"以明显非法手段取得的货币和其他财产"。对于什么是"明显非法手段"，该法典中没有给予立法定义，可以认为，所谓"非法手段"，就是违反有关行政管理法规的手段，也可以说，凡是以明显的违反行政管理法规手段所取得的货币或者其他财产，均可构成洗钱罪的对象，不仅包括刑事犯罪行为所得的财产，而且还包括不构成犯罪的其他违法行为所得的财产。

（四）中国四法域刑法中洗钱罪的对象

1. 台湾地区洗钱罪的对象

台湾《洗钱防制法》第2条规定的"洗钱罪"，其犯罪对象是指"因他人或自己重大犯罪所得到的财物或财产上之利益"。所说的重大犯罪是指最轻本刑为5年以上有期徒刑之罪行，指贩毒、伪造变造有价证券、走私、人口罪、欺诈破产罪等11种犯罪。

2. 香港特区洗钱罪的对象

香港《贩毒（追讨得益）条例》第25条规定的"处理已经知道或相信为代表贩毒得益的财产罪"，其犯罪对象部分或全部，间接或直接代表任何人的贩毒得益的财产，包括贩毒收益和其他严重犯罪收益。

3. 澳门特区洗钱罪的对象

澳门《反黑法》在第1条当中规定的黑社会性质的洗钱犯罪，当中的对象是指"不法资产或物品"。即由黑社会组织进行的刑事犯罪行为所得到的财产物品。

4. 中国大陆刑法中洗钱罪的对象

根据《刑法修正案（六）》对刑法典第191条修订的规定，洗钱罪的对象包括黑社会性质组织犯罪、毒品犯罪、走私犯罪、恐怖活动犯罪、破坏金融管理秩序犯罪、贪污贿赂犯罪、金融诈骗犯罪七类特定犯罪的违法所得及其产生的收益。

从以上各个国家和地区洗钱罪对象的规定中我们可以看出，洗钱罪的对象大概可以分为三种：第一种是包括一切犯罪的收益，比如俄罗斯联邦刑法典；第二种是仅包含特定犯罪的收益，比如美国、英国、法国、瑞士、中国大陆还有中国香港、中国澳门、中国台湾等国家以及地区；第三种是仅限于毒品犯罪的收益，比如日本等国家。由于各个国家和地区经济、政治、文化等不同，对洗钱罪对象的规定也有很大差异，这对于在世界范围内预防、惩治洗钱犯罪开展国际合作是极为不利的。因为，比如甲国对洗钱罪所规定一种非法收益的行为是犯罪行为，但是到了乙国清洗该种非法收益的行为就有可能不构成犯罪的情况，因而造成乙国不能依照本国法律的规定协助、配合甲国查处从甲国跨越到乙国洗钱的犯罪活动，从而产生了打击与防范跨国洗钱犯罪行为的法律盲区。因此为避免此种情况，各国和地区应联合制定出一个反洗钱的国际刑法公约，在这个公约当中将洗钱罪对象划定为特定犯罪收益，从而能以履行国际法义务的形式要求统一各个国家和地区将该公约中的"特定犯罪"的类型与范围转化为其国内刑法或者地区刑法规范，从而为国际反洗钱犯罪工作的互助协作与司法合作铺平道路。

二 洗钱罪的行为

（一）英美法系国家刑法中洗钱罪的行为

1. 英国刑法中洗钱罪的行为

《1993 年刑事司法法》中规定三个罪，分别是："协助他人保持犯罪收益罪"，其客观行为表现为"隐瞒"、"转移"出管辖范围或者"转交"犯罪收益，为犯罪人处置资金或为犯罪人获得财产利益，将犯罪收益投资而"使用"犯罪收益的行为；"获取、持有或使用犯罪收益罪"，其客观行为要件表现为"获取"、"使用"或"持有"犯罪收益的行为；"隐瞒或转移犯罪收益罪"的行为形式表现为"隐瞒"或"掩饰"犯罪收益，"转换"或"转让"犯罪收益或将其"转移"出管辖的行为。

2. 美国刑法中洗钱罪的行为

《美国法典汇编》中规定了三个洗钱罪名："非法金融交易罪"、"非法金融转移罪"以及"以非法所得进行金融交易罪"，其客观上表现通常是"转移"、"转送"、"转让"或"企图转移"、"运送或者转让"货币票据以及资金进出国境的行为。

（二）大陆法系国家刑法中洗钱罪的行为

1. 瑞士刑法中洗钱罪的行为

根据《瑞士刑法典》第 305 条第 2 款的规定，"洗钱罪"在客观上表现为"可能破坏"对于犯罪的收益来源的查处罚没的行为。

2. 德国刑法中洗钱罪的行为

依据《德国刑法典》第 261 条中的规定，"洗钱和掩饰不正当财产罪"

的行为包含以下几种形式："隐藏"、"掩饰"犯罪所得收益来源的方法；"阻碍"以及"危害"对犯罪收益来源的查处的行为；"取得"、"保管"或"使用"犯罪所得收益的行为。

（三）俄罗斯联邦刑法中洗钱罪的行为

《俄罗斯联邦刑法典》第174条规定的"使非法获取的货币资金或其他财产合法化（洗钱罪）"在客观上必须具有从事涉及明显非法手段获取的货币资金和其他财产的金融业务和实施与之有关的其他法律行为，或者利用这些资金或者其他财产从事经营活动或其他经济活动的行为。

（四）中国四法域刑法中洗钱罪的行为

1. 中国大陆刑法中洗钱罪的行为

我国1997年《刑法》第191条规定的"洗钱罪"，它客观上构成必须实行了五种行为方式之一："提供了资金账户"；"通过转账或者其他结算方式协助资金转移走"；"协助将财产转换成为金融票据、现金、有价证券"；"以不同方法隐瞒、掩饰犯罪的违法所得以及违反所得收益的性质和来源的行为"；"协助把资金汇往境外"。

2. 澳门特区刑法洗钱罪的行为

澳门《反黑法》第1条规定"黑社会罪"的洗钱三种犯罪行为形式，即将不法资产或物品"转换"、"转移"或"掩饰"。

3. 香港特区刑法中洗钱罪的行为

香港《贩毒（追讨得益）条例》第25条规定的"处理已经知道或相信为代表贩毒得益的财产罪"以及香港《有组织以及严重罪行条例》第25条当中规定的"处理已经知道或相信为代表从可以公诉罪行的得益的财产罪"，它客观上表现为"处理"贩毒收益或公诉罪收益的行为。

4. 台湾地区刑法中洗钱罪的行为

台湾《洗钱防制法》第2条规定的"洗钱罪"，其客观表现为"掩饰"或"隐匿"犯罪收益的性质与来源以及"收受"、"搬运"、"寄藏"、"故买"或"牙保"他人犯罪收益的行为。

综观各国和地区刑法上对洗钱罪形式的规定，其最大的相同点就是洗钱罪的基本构成行为主要就是作为形式，即采取积极的行为举动实施的"掩饰"、"隐瞒"等，不作为一般不构成犯罪。此外，洗钱罪的既遂并不想要结果的发生，只要行为人实行任何一种洗钱行为，就算行为人没有达到彻底掩饰以及隐瞒赃钱的非法性质、来源的结果，也同样构成犯罪。

由于各国以及地区经济、政治、文化发展差异，犯罪分子采取的洗钱行为方式也会有不同。其最大的差异体现在以下几点：

一是，有的国家刑法中明显将洗钱性质的帮助行为确立为"基本构成"的行为。如：中国大陆刑法当中规定的三种"协助"行为，就是协助将财产转换为现金或者金融票据、协助将资金转移地方、协助将资金汇往境外这些有明显的共犯性质的行为；法国刑法规定的"为投放、隐藏、兑换毒赃赋予协助"的行为等。

二是，洗钱罪可以是不作为构成。绝大多数国家和地区规定洗钱只能由作为构成，而瑞士反洗钱刑法有关学者认为，不作为可以构成洗钱罪的客观构成，但是认为不作为只能由负有监管和报告义务的金融机构的监管人员才能构成。此外，美国反洗钱刑法规范中规定的"非法金融交易罪"与"非法金融转移罪"，其客观构成中均含有作为与不作为两种形式的手段。

三是，个别国家和地区刑法中规定了"危险犯"的行为构成，如瑞士刑法中规定的"可能破坏"对犯罪收益查处的一切行为中的"可能破坏"是指破坏司法机关对犯罪收益来源的侦查、追查或没收的危险性。

四是，少数国家和地区刑法中将洗钱罪"基本构成"行为包括既遂与未遂两种行为，如美国刑法规定的"实施"或"实施未遂"或者"转移、运送、转让未遂"特定的情况犯罪收益的行为。此外还有卢森堡刑法也有类似的规定。

总之，一个完整的洗钱行为过程大致分为两个：一个是将清洗过的钱重新投入到合法或者基本合法的经济活动中，这一阶段称之为"再投资"过程；另一个就是掩盖黑钱的犯罪来源，给它披上合法的外衣，这就是严格意义上的清洗赃钱的行为过程。在立法上只有将这两个阶段分别加以规定为有独立的罪名和处罚方式，才能够比较彻底地打击通过各种方式进行的洗钱行为。如意大利就是采取此种立法模式，值得其他国家、地区借鉴。

三　洗钱罪的主体

（一）英美法系国家刑法中洗钱罪的主体

1. 美国刑法中洗钱罪的主体

根据美国刑法规定，法人可以承担完全的刑事责任，不受罪种和罪过形式的任何限制。因此，美国刑法中洗钱罪的主体包括法人和自然人。另外根据《美国法典汇编》的有关规定，"非法金融转移罪"、"非法金融交易罪"

与"以非法所得进行金融交易罪"的主体均包括上游罪的主体在内。

2. 英国刑法中洗钱罪的主体

英国刑法中洗钱罪的主体包含法人和自然人。此外，洗钱罪的主体除一般人之外，还包含上游罪的主体在内。

（二）大陆法系国家刑法中洗钱罪的主体

1. 瑞士刑法中洗钱罪的主体

根据《瑞士刑法典》的规定，犯罪主体只能由自然人构成，洗钱罪也不例外。此外，《瑞士刑法典》第 305 - 2 条对洗钱罪主体规定为"任何人"，表明其主体可以包括上游犯罪的本犯。

2. 德国刑法中洗钱罪的主体

《德国刑法典》中未明确规定法人的犯罪主体地位，所以其洗钱罪的主体仍只是自然人主体构成。此外，从其规定的洗钱罪对象的范围来看，其主体只能由上游罪之外的他犯构成，而不包含上游犯罪的本犯。

（三）俄罗斯联邦刑法中洗钱罪的主体

根据《俄罗斯联邦刑法典》第 19 条的规定，"未达到本法典规定的年龄并具有刑事责任能力的自然人，不承担刑事责任"。据此，洗钱罪的主体只能由自然人构成。此外，从《俄罗斯联邦刑法典》第 174 条的规定可以看出，洗钱罪的主体只能由上游犯罪以外的他犯构成。

（四）中国四法域刑法中洗钱罪的主体

1. 中国大陆刑法中洗钱罪的主体

我国《刑法》第 191 条第 2 款对洗钱罪主体所作的"单位犯前款罪"的"予以双罚制"的规定，明确地显示了洗钱罪的主体包括自然人和单位两类。另外，关于我国刑法中洗钱罪主体是否包括上游犯罪的本犯，从《刑法》第 191 条第 1 款至第 4 款所规定的行为形式来看，均为"提供"、"协助"等便利他人犯罪的手段。因此，可以认为上述 4 款洗钱行为形式由上游犯罪以外的他犯构成，而第 5 款规定的以其他方法掩饰、隐瞒犯罪的违法所得及其收益的来源和性质的行为形式，填补了前 4 款具体行为形式的空白。根据通常理解认为，洗钱罪主体"主要是指行为人将犯罪分子的违法所得及其收益以及购置不动产、投资、放贷等各种方式用于合法的使用、经营，再从中获取收益或出售、转让，从而隐瞒其违法所得的真实来源和性质"①。前 4 款具有

---

① 参见彭澄《洗钱罪问题研究》，硕士学位论文，郑州大学 2007 年版。

相同的行为特征，因而，我国刑法中的洗钱罪主体只能是上游犯罪以外的他犯，而不能由上游犯罪的本犯构成。

2. 香港特区刑法中洗钱罪的主体

从香港《贩毒（追讨得益）条例》第25条的规定可以看出"洗钱罪的主体可以由自然人或法人构成"。另外，关于洗钱罪主体是否由包括上游犯罪的本犯构成，从其罪名沿革及方法趋势看，洗钱罪的主体包括上游犯罪的本犯以及本犯以外的他犯。

3. 澳门特区刑法中洗钱罪的主体

澳门《反黑法》第1条规定的"黑社会罪"的洗钱行为，它的主体秉承葡萄牙刑法观念和传统，只能是参与或者领导了黑社会组织的自然人成员，但是未将法人列入主体范围。另外对该洗钱行为是否包含上游犯罪的本犯，在其条文中虽未明确规定，但是从其立法打击黑社会犯罪的意图来分析，是可以包含上游犯罪的本犯的。

4. 台湾地区刑法中洗钱罪的主体

台湾《洗钱防制法》第2条规定的洗钱罪，其主体包括法人与自然人。此外，台湾刑法中的洗钱罪主体，还可以由上游犯罪的本犯实施。

从以上分析可以看出各国和地区关于洗钱罪主体的差异主要表现为两个方面：

一是，是否可以由法人构成。在关于洗钱罪的主体是否可由法人构成的立法规定上，有着两大对立的立法模式：第一种是以美国、英国、法国、日本、中国、加拿大等国家为代表的"法人主体"阵营，主张法人具有构成犯罪主体的资格和能力，因而在洗钱罪的主体上也把法人或非法人组织列入到犯罪主体范围；第二种是以德国、瑞士、俄罗斯以及意大利等国为代表组成的"非法人主体"团体，认为法人不能作为洗钱罪的主体。

二是，洗钱罪主体是不是由上游犯罪的本犯构成。在有关洗钱罪的主体可否应由上游犯罪的本犯构成方面，立法上也是截然分成两大派：一派是作为瑞士、美国、英国、日本、意大利和中国、中国香港、中国台湾、中国澳门等国家与地区代表的"本犯"阵营，就是在立法上将上游犯罪的本犯也一同列入洗钱罪的主体范围；另一派是作为德国、法国、荷兰、意大利、俄罗斯、中国等代表的"他犯"阵营，就是在立法上只承认上游犯罪之外的他犯才能构成洗钱罪的主体。从两大派分布的国家与地区看，主张"他犯"的立法模式主要是大陆法系的国家或掺杂了英美法系的个别国家，如新加坡；主张"本犯"的立法模式主要是英美法系的国家与地区，当然其中也有一些大陆法系的国家与地区"加盟"，如瑞士、日本、中国台湾和中国澳门等。因此，两大法系在关于洗钱罪的主体是否可由上游犯罪"本犯"构成的立法模式上已经出现了交融汇合的趋势。

四　洗钱罪的罪过形式

（一）英美法系国家洗钱罪的罪过形式

1. 美国刑法中洗钱罪的罪过形式

《美国法典汇编》中规定的"非法金融交易罪"和"非法金融转移罪"都要求行为人主观上具有特定的"明知"和"意图"，即"明知"其行为是为了隐瞒或掩饰特定的非法行为所得收益的性质和"意图"促进非法行为的实施。"以非法所得进行金融交易罪"主观上仅要求行为人明知财产或资金是特定的非法行为所得的收益。另外《美国法典汇编》还规定了一种特别的洗钱犯罪，即基于认识错误，将非犯罪收益误认为是犯罪收益而实施的非法金融转移行为予以定罪，本罪只要求行为人主观上有洗钱罪的犯罪意图，客观上有非法的金融转移行为，即使其行为对象并不真是犯罪收益，仍可构成洗钱罪。

2. 英国刑法中洗钱罪的罪过形式

"隐瞒或转移犯罪收益罪"要求行为人对财产是犯罪所得具有"合理怀疑或明知"，"持有、获取或使用犯罪收益罪"在主观上要求"行为人对财产是部分或全部，间接或直接代表他人犯罪行为的收益具有合理怀疑"或"明知"即故意和过失均可构成。

（二）大陆法系国家洗钱罪的罪过形式

1. 德国刑法中洗钱罪的罪过形式

依据《德国刑法典》的关于洗钱罪的规定，它主观上，既可以由过失组成，也可以由故意组成，就是在绝大多数情况下，洗钱罪还是由故意构成的，但在某些情况下，也可以由过失构成。

2. 瑞士刑法中洗钱罪的罪过形式

《瑞士刑法典》规定的"洗钱罪"主观上要求是应当知道或"明知"财产得自于犯罪行为而实施的清洗该财产的行为，排除了过失构成洗钱罪的可能性。

（三）俄罗斯联邦刑法中洗钱罪的罪过形式

《俄罗斯联邦刑法典》定义的"使非法获取的货币资金或其他财产合法

化洗钱罪",虽然未明确指出该罪是故意实施的,但从其规定的"从事有关以明显非法手段获得的货币资金与其他财产的金融业务和实施与其有关的其他法律行为"可以看出,洗钱罪的构成必须要求实施行为人主观上必须具备明知的心态。

（四）中国四法域刑法中洗钱罪的罪过形式

1. 中国大陆刑法中洗钱罪的罪过形式

我国刑法规定的"洗钱罪"其罪过形式是故意,即须出于特定的对财产是黑社会性质的组织犯罪、毒品犯罪、贪污贿赂犯罪、恐怖活动犯罪或走私犯罪、破坏金融管理秩序犯罪、金融诈骗犯罪的违法所得及其产生的收益的"明知";须是出于特定的"为隐瞒、掩饰违法犯罪所得及其产生的收益的性质与来源"的目的。

2. 澳门特区刑法中洗钱罪的罪过形式

《反黑社会法》中规定的"黑社会洗钱罪"和"黑社会罪"主观上都必须出自故意。

3. 香港特区刑法中洗钱罪的罪过形式

香港《贩毒（追讨得益）条例》中规定的"处理已知道或相信为代表贩毒得益的财产罪"以及香港《有组织及严重罪行条例》规定的"处理已知道或相信为代表从可以公诉罪行的得益的财产罪"可以看出,其主观罪过既可由故意构成,也可由过失构成。

4. 台湾地区刑法中洗钱罪的罪过形式

《台湾洗钱防制法》中规定"洗钱罪"须为故意,但未明确规定为"明知"。

总之,通过对上述几个主要发达国家和地区关于洗钱罪的罪过形式的介绍可以看出,洗钱的故意是所有国家和地区对洗钱罪过形式主观上的构成要素,但不同点存在两个:其一,对故意的心理态度有着不同的要求。大致可分成三类:第一类要求对洗钱行为的实施必须出于特定目的,如新加坡等;第二类要求是对财产为犯罪所得的非法收益须具有"明知"性,如美国、英国、加拿大、日本以及中国大陆等;第三类是不要求对财产是犯罪所得的非法收益有"明知"性,如中国台湾地区等。其二,是不是将过失列入洗钱罪的主观构成要素规定不同,大多数国家和地区只将故意作为洗钱罪的主观要件,但也有一些国家以及地区将过失也列入到洗钱罪的主观要件,比如英国、德国以及中国香港等国家与地区。

　　从以上各国和地区的洗钱罪的罪过形式的立法可以看出，有的国家和地区如英国、德国、中国香港等将过失洗钱作为犯罪予以追究责任，对有效地打击洗钱罪无疑是有利的，但将过失洗钱排除在犯罪之外的国家则认为，这样做极大地扩张了刑罚的制裁范围，可能产生负面影响，并且与当代世界刑事立法发展的刑罚谦抑原则是相背离的。另外，他们认为，赃物罪与洗钱罪的立法应保持一致，若不处罚过失处置赃物的行为，却又要处罚过失掩饰、隐瞒赃钱的行为，在刑法的司法实践上可能会有失公正与平衡，在刑法理论上也暂时难以得到充分的逻辑论证。笔者比较赞成这种观点，是否将过失洗钱刑事犯罪化，应根据实践情况，选择适合本国国情的打击洗钱犯罪的立法形式。

　　总之，各国和地区对于洗钱罪构成要件的规定不是固定不变的，各国和地区应依据本国的犯罪实际情况，学习别国先进的立法经验，以不断完善各自的反洗钱有关立法，以更加有效地预防、惩治洗钱犯罪。

第三章　我国反网络洗钱法律制度对策

第一节　洗钱罪与相关犯罪的界限的认定

一　洗钱罪与赃物犯罪的界限

赃物犯罪是指明知是通过犯罪所得的赃物而予以转移、窝藏、收购、销售的行为。这里赃物犯罪指的是我国刑法第 312 条规定的一个选择性罪名：转移、窝赃、收购、销售赃物罪。洗钱罪是 1997 年《刑法》规定的新罪名，根据《刑法修正案（三）》以及新出台的《刑法修正案（六）》，指明知是黑社会性质的组织犯罪、毒品犯罪、走私犯罪、恐怖活动犯罪、贪污贿赂犯罪、破坏金融管理秩序犯罪、金融诈骗犯罪违法所得及其产生的收益而通过各种方式隐瞒、掩饰其性质和来源的行为。在 1997 年《刑法》颁布实施以前，我国只在 1990 年 12 月 28 日通过并实施的《关于禁毒的决定》中规定了"隐瞒、掩饰毒赃性质来源罪"，因此除对毒品犯罪所得的洗钱行为以"隐瞒、掩饰毒赃性质来源罪"定罪以外，其他洗钱行为大多都以赃物犯罪论处。从这一方面讲，洗钱罪来源于赃物犯罪，并作为赃物犯罪中分离出来的一种特殊赃物犯罪，天然地与赃物犯罪相关联。

（一）洗钱罪与赃物犯罪的共同特征

一是犯罪对象的他人性。赃物犯罪是以犯罪所得为对象的犯罪，而且赃物本身表现为一种财物，上游犯罪既遂后，非法占有财物的状态仍在继续，上游犯罪的客体继续处于被侵害的状态。理论上把犯罪主体保持其非法状态的行为称为事后不可罚行为，转移、窝藏、收购、销售赃物的行为就是这种持续不法状态的行为的一种表现形式，不具有可罚性。所以，只有上游犯罪主体以外的人实施的转移、窝藏、收购、销售赃物的行为才是可罚的行为。虽然洗钱行为是否为事后不可罚行为在我国法学界尚存在争论，但笔者赞成"洗钱行为是事后不可罚行为"的观点，而且根据我国刑法第 191 条中的

"提供"、"明知"、"协助"的规定,我国刑法中的洗钱行为是一种帮助他人的洗钱行为,其上游犯罪主体即从事黑社会性质的组织犯罪、毒品犯罪、走私犯罪、恐怖活动犯罪、贪污贿赂犯罪、破坏金融管理秩序犯罪、金融诈骗犯罪的犯罪分子不能成为洗钱罪的主体。

二是犯罪的派生性。洗钱罪与赃物犯罪都与其他犯罪密切相关,这主要表现在:没有其他犯罪的存在,两罪就没有法定的犯罪对象,也就是说,两罪的犯罪对象都源于其他犯罪。这里所说的其他犯罪指的是与两罪相对应的上游犯罪。

三是犯罪手段的隐秘性。由于犯罪所得的非法性,无论是赃物犯罪中转移、窝藏、收购、销售行为,还是洗钱罪法定的 5 种洗钱行为方式,都具有客观上帮助犯罪分子掩盖犯罪所得的非法性,使其不为人所知悉。虽然收购、转移在字面上无"隐藏"的含义,但在明知犯罪所得的情况下,实施帮助犯罪分子收购、转移赃物的行为,客观上其行为也具有秘密性。实践中,收购、转移赃物也经常选择在不易被人发现的时间和地点进行,使自己的行为不被发现。

四是犯罪客体的共同性。赃物犯罪和洗钱罪的犯罪对象都通过犯罪所获得,因而洗钱行为和转移、窝藏、收购、销售赃物等行为,都为国家司法机关追究犯罪分子的刑事责任人为地设置了障碍,为国家司法机关证明犯罪、查处犯罪增加了困难,侵犯了国家追究犯罪的刑事司法秩序。

五是明知具有二重性。明知的二重性表现在:一是洗钱罪和赃物犯罪都是故意犯罪,刑法总则第 14 条规定的适用于所有故意犯罪的明知当然地适用于洗钱罪和赃物犯罪。二是洗钱罪和赃物犯罪在主观方面的犯罪构成中都要求对犯罪对象的明知,这种明知是刑法分则第 191 条和刑法第 312 条规定的特定的明知。

(二)洗钱罪与赃物犯罪的主要区别

一是犯罪客体不完全相同。洗钱罪客体是复杂客体,即破坏司法机关的正常秩序和侵犯国家的金融管理秩序。赃物犯罪的客体是简单客体,只是破坏了司法机关的正常秩序。洗钱行为一方面由于对上游犯罪所得的隐瞒、掩饰,妨碍了司法机关追究上游犯罪的活动;另一方面,与赃物犯罪的上游犯罪不同,洗钱罪的几类上游犯罪所得往往数额非常巨大,要实现巨额资金合法化,犯罪分子依靠金融机构使巨额资金进行复杂流转,正常的金融秩序受到了严重威胁,具有更加严重的社会危害性,这也是立法上将这七类犯罪规定为洗钱罪的上游犯罪的原因之一。而赃物犯罪也有将钱款存入银行进行藏匿的形式，如明知是盗窃犯所窃得的赃款，而以自己的名字存入银行的行为，但无论从数额上和行为的方式上通常都不会对金融秩序造成影响。

二是客观行为不一致。首先表现是具体行为方式不同。洗钱罪规定出了5种法定的行为方式：一是提供资金账户，二是协助将财产转换为现金或者金融票据，三是以转账或者其他结算方式协助资金转移，四是协助将资金汇往境外或以其他方法掩饰，五是隐瞒犯罪的违法所得及其收益的性质以及来源。赃物犯罪主要是指为犯罪所得赃物提供隐匿地方、转移赃物、代为销售还有买赃自用等。其次是行为复杂程度不一样。洗钱是复杂的行为过程，洗钱行为一般通过金融机构进行，通过放置、多层化、整合三个步骤才能够完成洗钱活动；而赃物犯罪的方式相对简单，窝藏罪只要求行为人将赃物藏匿于某个场所，即成立既遂；转移赃物罪是只要将赃物移离原所在地便可。为犯罪所得赃物提供隐匿地方、转移赃物、代为销售加之买赃自用等行为的实现，不一定非要任何单位和个人从中起到协助或者促进作用。最后，洗钱行为是以各种手段进行掩饰、隐瞒违法所得的非法性质以及来源，使其表面变得合法化，洗钱行为使赃钱的性质表面上发生转变，从其非法的性质改变为看似合法的面貌。经过合法化使最后赃钱显露也无妨；赃物犯罪之行为不具有使之合法化的特征，所以窝藏、转移、收购、销售的行为并没有改变赃物性质的作用，它的行为手段与金融监管无很多联系。另外，作为犯罪行为的具体方式，它的含义并不相同。如同转移行为，转移的性质并不一致。洗钱罪中"转移"的性质为掩饰、隐瞒违法所得的性质以及来源，从而将违法所得表面合法化；而窝赃罪"转移"的性质是属于一种空间上的移动，即从一个地方移动到另一个地方，其后果是使司法机关无法追缴。在司法实践中对于那些将毒品犯罪、黑社会性质的组织犯罪、恐怖活动犯罪、走私犯罪、贪污贿赂犯罪、破坏金融管理秩序犯罪、金融诈骗犯罪的违法所得的赃物只是进行空间上的移动，而不具有掩饰、隐瞒其来源和性质的转移行为，不能按洗钱罪定罪处罚，只能按赃物罪处理。

三是犯罪对象的范围不同。传统观点认为，洗钱罪的行为对象只限于黑社会性质的组织犯罪、毒品犯罪、走私犯罪、恐怖活动犯罪、贪污贿赂犯罪、破坏金融管理秩序犯罪、金融诈骗犯罪的违法所得及其产生的收益，其对象是特定的；而赃物犯罪的行为对象则是上述犯罪以外的任何犯罪的违法所得，对象是不特定的。即以各自上游犯罪的种类不同，来区分两个罪名。

那么，如果将我国洗钱罪的上游犯罪的范围扩大至"一切具有一定数额的财产性违法所得及其收益的犯罪"，两者就无法区别了。笔者认为，这种区别是不妥的。这种传统的区别方法，成为了扩大洗钱罪上游犯罪的一大阻碍，成为大力打击洗钱犯罪的一个障碍，使整个反洗钱体系的打击目标大大减少。

洗钱罪与赃物犯罪的区分应这样处理：我国刑法第191条规定了洗钱罪的五种法定形式：（1）提供资金账户的；（2）协助将财产转换为现金或者金融票据的；（3）通过转账或者其他结算方式协助转移；（4）协助将资金汇往境外；（5）以其他方式掩饰、隐瞒犯罪的违法所得及其收益的来源和性质。我们仔细分析这五种法定的洗钱方式，其中的"资金"、"现金"、"金融票据"、"转账"等词语表现出一个共同的特点，那就是与金融监管直接相关，洗钱的方式通常与一定的金融机构相联系。可以说，洗钱犯罪的行为对象是一种特殊性质的货币资金，是与金融监管有关的货币资金。这种理解与洗钱罪的客体包括侵犯国家的金融管理秩序也是相一致的。而赃物犯罪的行为对象仅限于刑法规定惩治的任何犯罪的违法所得中的赃物，这里的赃物仅限于物，而不包括货币资金，如前所述，赃物犯罪的客体是不侵犯金融管理秩序的。应该说，这才是洗钱罪与赃物犯罪在行为对象的范围上的根本区别，洗钱犯罪所针对的清洗对象是一种特殊性质的货币资金，赃物犯罪的行为对象仅限于物，不包括货币资金。当然，并不是说，对"钱"的清洗就是洗钱行为，对"物"的清洗就是销售赃物的行为。结合两者行为客体的不同，可作这样进一步的理解：洗钱罪主要针对财产性违法所得及其收益中的货币资金，对于"物"的清洗可能是销赃，也可能是洗钱，如果通过了金融机构，同时破坏金融监管秩序和司法秩序，定洗钱罪；如果没通过金融机构，只破坏司法秩序的，定销赃罪。另外，我们不能说犯罪活动中涉及"钱"，就侵犯了金融管理秩序，那样将无限地扩大对金融管理秩序的理解。只有通过金融机构进行有关活动的，才是破坏金融管理秩序。

四是主观目的不一样。洗钱罪的目的是将法定几类犯罪的违法所得及它产生的收益合法化，以便将赃钱的非法来源和性质达到掩饰、隐瞒的效果，最终使犯罪所得的赃钱可以公开合法消费和挥霍，并通过洗钱行为达到绕开法律制裁的目的；而赃物犯罪之主观目的是为了逃避司法机关的追缴，企图藏匿赃物，使他人不知道它是非法的财物。

五是犯罪主体不同。洗钱罪的主体既可以是自然人，也可以是单位；而赃物犯罪的主体只能是自然人。

六是法定刑不一样。赃物犯罪只规定了一个刑罚程度："处三年以下有期徒刑、拘役或管制，并且处罚单或处罚金"，是比较轻的刑罚；而洗钱罪不仅规定了没收犯罪所得到的利益及其产生的收益和罚金，并且自由刑还规定了两个罚的幅度，其最高刑是 10 年有期徒刑。

二　洗钱罪与窝藏毒品、毒赃罪的界限

我国刑法第 349 条规定了转移、窝藏、隐瞒毒品、毒赃罪。有的学者认为，该罪与洗钱罪存在竞合关系。因为将毒品犯罪所得予以转移、隐藏或者隐藏其本身在客观上就具有掩饰毒品犯罪所得的性质。在这种行为引起法条竞合的情况下，可适用狭义法优于广义法的原则解决这一问题。所谓狭义法是指适用范围较小的法条，广义法是指适用范围较大的法条。在上述情况下，为毒品犯罪分子转移、窝藏、隐瞒毒品及犯罪所得的，从行为对象看，不仅包括毒品而且包括财物；从行为方式看，不仅包括隐瞒、转移，还包括窝藏毒品，其行为方式的外延又大于洗钱行为，故应以洗钱罪论处。但是，若查明行为人不具有隐瞒、掩饰毒品犯罪的违法所得的目的，仅仅是在客观上帮助了毒品犯罪分子，也可以转移、窝藏、隐瞒毒品、毒赃罪论处。

笔者认为，上述观点所说的狭义法优于广义法，其实就是说特别法优于普通法。那么，能不能说转移、窝藏、隐瞒毒品、毒赃罪和洗钱罪是特别法和普通法的关系，或者说洗钱罪就是转移、窝藏、隐瞒毒品、毒赃罪的特殊法条，但是后者为一般法条呢？不能。特殊法条与普通法条存在竞合关系有它的原因，是因为特殊法条的外延为普通法条的外延的一部分。但是转移、窝藏、隐瞒毒品、毒赃罪，无论在行为对象上，或者行为方式上，都不能说大于洗钱罪。这两种罪无法从犯罪对象以及行为方式上比较出外延的大小。两者的主要差别如下：

其一，犯罪对象不同。一是犯罪对象的来源不同。上游犯罪的范围决定了两罪犯罪对象的范围，洗钱罪的犯罪对象产生于毒品犯罪、黑社会性质的组织犯罪、恐怖活动犯罪、走私犯罪、贪污贿赂犯罪、破坏金融管理秩序犯罪、金融诈骗犯罪，转移、窝藏、隐瞒毒品、毒赃罪的上游犯罪仅为毒品犯罪。二是洗钱罪的犯罪对象是毒品犯罪、黑社会性质的组织犯罪、恐怖活动犯罪、走私犯罪、贪污贿赂犯罪、破坏金融管理秩序犯罪、金融诈骗犯罪等的违法所得及其产生的收益，是一种特殊性质的货币资金，转移、窝藏、隐

瞒毒品、毒赃罪的犯罪对象为毒品或毒品犯罪所得的赃物。三是洗钱罪的犯罪对象必须来源于毒品犯罪、黑社会性质的组织犯罪、恐怖活动犯罪、走私犯罪、贪污贿赂犯罪、破坏金融管理秩序犯罪、金融诈骗犯罪，转移、窝藏、隐瞒毒品、毒赃罪的犯罪对象是毒品和毒赃，毒赃指的是通过毒品犯罪所获得的财物，但毒品并不一定来源于犯罪，如他人家中祖传的毒品，拣拾的毒品等。

其二，犯罪客体不一样。洗钱罪不仅侵犯了金融管理秩序，而且侵犯了司法机关的正常活动；而转移、窝藏、隐瞒毒品、毒赃罪是指侵犯了司法机关的正常活动。

其三，犯罪主体不同。洗钱罪的主体既可以是个人，也可以是单位；而窝藏毒品、毒赃罪的主体只能由个人构成。

其四，客观行为的内容不一样。洗钱罪的客观方面表现为掩饰、隐瞒法定几种犯罪所得的财物及其产生的收益的性质以及来源的行为，即对赃物表面合法化；而转移、窝藏、隐瞒毒品、毒赃罪的实行方式是直接为毒品或毒品犯罪所得的赃物提供隐藏地方或予以转移、隐瞒的行为。表现在：一是为犯罪分子的毒品、毒赃提供地方藏匿的行为；二是将毒品、毒赃由一个场所挪至另一场所；三是明知是犯罪分子的毒品、毒赃而拒不对司法机关如实说明其性质以及来源，财物的非法性质没有被表面合法化。

其五，明知的内容不同。洗钱罪和转移、窝藏、隐瞒毒品、毒赃罪都有特定的明知因素，但明知的内容不同。构成洗钱罪要求行为人明知是黑社会性质的组织犯罪、毒品犯罪、走私犯罪、恐怖活动犯罪、贪污贿赂犯罪、破坏金融管理秩序犯罪、金融诈骗犯罪的违法所得及其产生的收益；而构成转移、窝藏、隐瞒毒品、毒赃罪，则要求行为人明知道是毒品或毒品犯罪所得的财物。

三　洗钱罪和包庇罪的界限

包庇罪，指的是故意向司法机关做虚假证明来掩盖犯罪分子的罪行，使他逃避法律的制裁，依法应负有刑事责任的行为。在赃物能作为物证证明他人犯罪事实的场合下，行为人为了包庇犯罪人员，对赃物的来源和性质予以掩饰、隐瞒，这种情况下如何区别包庇罪与洗钱罪的界限就有些困难了。为此，需要从以下几方面来划清二者之间的界限：

（1）两罪的主观方面不同。本罪主观上须具有掩饰、隐瞒特定犯罪所得及其产生的收益的性质和来源的目的，而包庇罪一般要求有帮助他人逃避法律制裁的目的。前者虽然在客观上能够起到使他人逃避法律制裁的效果，但并不是行为人追求的直接目的。

（2）两罪的行为对象存在不同。本罪的行为对象是特殊性质的货币资金，但是包庇罪行为对象一般是指犯罪人。

（3）两罪侵害的客体亦有差别。本罪的客体是国家的金融管理秩序和司法机关正常的司法活动；而包庇罪仅侵害司法机关正常的工作秩序或司法活动。

（4）两罪客观方面存在不同。本罪客观方面的表现是具有法律规定的五种行为方式之一的掩饰、隐瞒特定犯罪收益的罪行；而包庇罪的表现是为犯罪人提供隐藏地方，为犯罪人提供财物，或作虚假证明等行为方式。

四　洗钱罪与巨额财产来源不明罪的界限

巨额财产来源不明罪，是指国家工作人员的支出或财产明显超过合法收入，差额巨大，本人不能说明其合法来源的行为。两罪在客观表现方式上有相似之处，但其区别亦是明显的。这表现在：

（1）本罪的财物性质是特指的。即为毒品犯罪以及黑社会性质的组织犯罪行为、恐怖活动犯罪行为、走私犯罪行为、贪污贿赂犯罪行为、破坏金融管理秩序犯罪行为、金融诈骗犯罪行为等的违法所得及产生的收益，司法机关必须查明这种具体事实才能将"上游犯罪"定罪处罚；而后罪中的财物性质不是特定的，只要行为人的财产或者支出明显超过合法收入，相差巨大，本人不能说明它的来源是合法的，即可定罪处罚，不需查明其真实来源。

（2）行为人与财物的关系不同。本罪中行为人是为他人掩饰、隐瞒违法收益的性质和来源；后罪中行为人拒不说明的是自己的巨额收入的来源。

（3）本罪中行为人不是拒不说出他人财物的非法性质和来源，而是故意虚构假来源、性质，意图掩饰该财物的非法性质来源，或者在司法机关查询时作虚假陈述。而后罪的行为人则是不予说明，包括不肯说明和事实上不能给予合理说明来源这两种形式。其中"不肯说明"具有隐瞒的性质，而"不能予以合理说明"则与掩饰行为不尽相同，即不一定非要虚构不真实的来源。

（4）本罪是一种帮助型犯罪，犯罪主体为一般主体，既包括自然人，也包括单位。后罪是腐败型职务犯罪，只能由自然人且是国家工作人员构成。

（5）本罪中的行为尤其是"掩饰"行为可以发生在任何阶段。而后罪的行为只能发生在司法机关查询之后。

五　洗钱罪与伪证罪的界限

伪证罪是指在刑事诉讼中，鉴定人、证人、记录人、翻译人对与案件有重要关系的情节，故意作虚假鉴定、证明、翻译、记录，意图陷害他人或者隐匿罪证的行为。洗钱罪与伪证罪存在着以下区别：

（1）犯罪主体不同。本罪主体包括自然人和单位，是一般主体。而伪证罪的主体必须是案件审理过程中的证人、鉴定人、记录人、翻译人员，单位不能构成伪证罪的主体，是特殊主体。

（2）犯罪客体不完全相同，本罪的客体是复杂客体，包括国家对金融机构的业务经营管理制度和司法机关的正常活动。而伪证罪不涉及金融管理秩序的问题，只侵犯司法机关的正常活动。

（3）行为内容不同。本罪行为表现在掩饰、隐瞒收益的性质和来源，以及"上游犯罪"违法所得及它收益的性质和来源；而后罪行为表现在刑事诉讼中就与案件有重要关系的情节故作虚假的证明、鉴定、记录以及翻译。

（4）犯罪目的不同。本罪犯罪目的在于掩饰、隐瞒"上游犯罪"违法所得及其收益的性质和来源，而伪证罪的目的，是意图陷害他人或隐匿罪证。

第二节　国内反洗钱法律制度评述

我国最早有关洗钱犯罪的法律条文是 1990 年全国人大常委会议通过的《关于禁毒的决定》第 4 条规定："贩卖、包庇、走私、运输以及制造毒品的犯罪的，帮助犯罪分子转移、窝藏、隐瞒毒品或犯罪所得的财物的，隐瞒、掩饰所出售毒品获得财物的非法性质以及来源的，处七年以下有期徒刑、拘役或管制，可并处罚金。"①该规定适应了当时打击毒品洗钱的需要，但随着洗钱犯罪的日渐猖獗，光靠这简简单单的一个条文显然是不够的。立法者显然也意识到了这个问题。1997 年我国修订刑法，第一次在刑法中专门规定了

---

① 参见全国人大常委编著《国际反洗钱法律文件汇编》，载中国财政经济出版社 2003 年版，第 17 页。

洗钱罪。根据该法第191条规定："明知是黑社会性质的组织犯罪、毒品犯罪、走私犯罪的违法所得及其产生的收益，而隐瞒、掩饰其来源和性质的，属于洗钱罪。"关于洗钱犯罪的专门条款的出现，标志着我国的反洗钱立法进入了一个专业化时代。直到2001年12月，为适应打击恐怖主义活动犯罪的需要，全国人大常委会通过了《刑法修正案（三）》，在洗钱罪的上游犯罪中增加了恐怖活动犯罪。其后，全国人大常委会于2006年8月，又通过了《刑法修正案（六）》，对刑法第191条规定的洗钱罪上游犯罪的范围又作了进一步的扩大，将破坏金融管理秩序犯罪、贪污贿赂犯罪、金融诈骗犯罪作为洗钱罪的上游犯罪。2006年10月31日，我国第十届全国人大常委会第二十四次会议以144票赞成1票弃权，通过了《中华人民共和国反洗钱法》，这也是我国第一部关于反洗钱的专门法律。该反洗钱法的诞生，极大的适应了国际形势和实际工作的需要，具有划时代的意义，我国的反洗钱立法从无到有，从不成熟逐步走向了成熟。

一　我国反洗钱法律制度建设

（一）反洗钱法律法规建设情况

为使《反洗钱法》更具有操作性，中国人民银行于2007年发布了两个反洗钱部门规章制度，进一步健全了反洗钱法律法规条例。一个是《金融机构报告涉嫌恐怖融资的可疑交易管理办法》，其中重点对涉嫌恐怖融资的有嫌疑的交易报告标准做出规定，这是中国对反恐融资以及反恐工作制定的第一部专门规章条例。二是协同中国证券监督管理委员会（后面简称证监会）、中国银行业监督管理委员会（后面简称银监会）、中国保险监督管理委员会（后面简称保监会）一起发布了《金融机构客户身份识别和客户身份资料及交易记录保存管理办法》，详细规定了客户身份识别等有关反洗钱核心制度。这两个部门规章和2006年修订发布的《金融机构大额交易和可疑交易报告管理办法》以及《金融机构反洗钱规定》两个规章制度，细化了金融机构应承担的反洗钱义务，进一步明示了反洗钱监管职责，以作为金融机构开展反洗钱工作的操作准则。《反洗钱法》以及上述配套规章形成中国金融业较为完整和全面的反洗钱以及反恐怖融资法律法规体系，明确了中国金融业反洗钱工作的基本制度。

（二）中国人民银行反洗钱制度建设

反洗钱基础制度建设是有效实施反洗钱工作的基本保障之一。中国人民银行加快反洗钱制度建设步伐，进一步夯实了反洗钱制度基础。

1. 确立反洗钱监管制度

为规范反洗钱监管行为，使中国人民银行分支机构的反洗钱监管工作能被有效指导，中国人民银行在 2007 年先后起草并印制了《反洗钱非现场监管办法（试行）》以及《反洗钱现场检查管理办法（试行）》。这两个规定都详细规定了中国人民银行有关反洗钱工作人员在开展反洗钱非现场监管以及现场检查工作时应遵循的程序、可以采取的步骤和相关管理办法措施，明确了非现场监管和现场检查相互结合的反洗钱监管思路。

（1）《反洗钱非现场监管办法（试行）》

反洗钱非现场监管是指中国人民银行及其分支机构依法收集金融机构报送的反洗钱信息，分析评估其执行反洗钱法律制度的状况，根据评估结果采取相应的风险限期整改、预警等监管措施的行为。《反洗钱非现场监管办法（试行）》是我国第一次具体确定反洗钱非现场监管的程序和内容，丰富了反洗钱监管的手段，是我国在探索建立适合我国国情反洗钱监管模式过程中取得的重要进展。

金融机构应该按年度向中国人民银行或当地分支机构报告相关反洗钱工作机构、反洗钱内部控制制度建设和岗位设立情况、反洗钱宣传以及培训情况、反洗钱年度内部审计工作情况等反洗钱工作信息。按季度报告相关执行客户身份识别制度中有嫌疑的交易情况，协助中国人民银行及其分支机构掌握进行反洗钱调查的情况、执行中国人民银行临时性冻结措施的情况、配合司法机关和行政执法机关进行打击洗钱活动的情况、对中国人民银行及其分支机构通告涉嫌犯罪的情况、对公安机关报案的情况等反洗钱工作信息。

中国人民银行及其分支机构应对金融机构所报送的非现场监管信息进行审核登记，分类整理，分析评估金融机构执行反洗钱法律制度的情况。中国人民银行及其分支机构对所收集的非现场监管信息进行分析时，发现有疑问或需要进一步确认的，可根据情况采取书面询问、电话询问、约见金融机构高级管理人员谈话、走访金融机构等方式进行确认和核实。对中国人民银行及其分支机构在评估中发现金融机构在反洗钱工作中存在问题的，应及时发出《反洗钱非现场监管意见书》，进行风险提示，要求其采取相应的防范措施。对违反反洗钱规定证据确凿、事实清楚并应给予行政处罚的，应按照《中国人民银行行政处罚程序规定》办理；对涉嫌违反反洗钱规定且需要进一步收集证据的，应进行现场检查。

为了保障金融机构合法权益，该办法还规定金融机构对《反洗钱非现场监管意见书》有异议的，应该在收到相关处理文书之日开始 10 日内对发出文书的中国人民银行或它的分支机构提出申辩、申述意见。如金融机构陈述的理由、事实和提交的证据成立的，中国人民银行或它的分支机构应当予以采纳。如金融机构在规定期限内没有提出异议的，中国人民银行或它的分支机构可根据有关非现场监管信息将金融机构有关行为或事实予以认定和处理。

（2）《反洗钱现场检查管理办法（试行）》

中国人民银行及其分支机构反洗钱部门在各自管辖范围内负责反洗钱现场检查工作，上级行可以直接对下级行辖区内的金融机构进行现场检查，也可以授权下级行检查应由上级行负责检查的金融机构。下级行认为金融机构执行反洗钱规定的行为有重大社会影响的，可以请求上级行进行现场检查。

反洗钱现场检查工作分为现场检查准备、现场检查实施以及现场检查处理这三个阶段，《反洗钱现场检查管理办法（试行）》这个制度对于中国人民银行及它的分支机构反洗钱现场检查工作人员的各个阶段的执法行为作出了具体、明白且细致的规范性要求，在此意义上，该办法事实上起到了现场检查程序手册的用处，执法人员可以严格按照程序展开反洗钱现场检查，也利于全国各地统一执法。

为保障被检查机构及其从业人员的合法权益，《反洗钱现场检查管理办法（试行）》在《金融机构反洗钱规定》、《反洗钱法》等法律法规的基础上，在严格规范反洗钱现场检查人员的执法行为的同时，规定了被检查单位及其从业人员的相关权利。现场检查结束后，中国人民银行及其地市级以上分支机构如发现金融机构执行有关反洗钱规定的行为不符合行政法规、法律或中国人民银行规章规定的，应先制作《现场检查意见告知书》，经本行（部）行长（主任）或副行长（副主任）批准并加盖本行（部）行政公章后，送交被查单位。被查单位对《现场检查意见告知书》有异议的，应当在收到《现场检查意见告知书》之日起 10 日内向发出《现场检查意见告知书》的中国人民银行及其地市级以上分支机构提出申辩、陈述意见；被查单位陈述的理由、事实以及提交的证据成立的，发出《现场检查意见告知书》的中国人民银行及其地市级以上分支机构应当予以采纳；被查单位在规定期限内未提出异议的，不影响发出《现场检查意见告知书》的中国人民银行及其地市级以上分支机构根据现场检查相关证据，对被查单位有关的行为认定和处理。

2. 反洗钱调查

为规范反洗钱调查工作程序，依法履行反洗钱调查工作职责，维护公民、法人以及其他组织的合法权益，依据《反洗钱法》等有关行政法规、法律以及规章，中国人民银行在2007年起草并发布了《中国人民银行反洗钱调查实施细则（试行）》。这个规范性文件在《金融机构反洗钱规定》和《反洗钱法》的基础上，细致地规定了反洗钱调查的程序，统一了和反洗钱调查有关的法律文书，规范了各种调查措施的明细操作，对指导和规范反洗钱调查的实践操作有着重要意义。该实施细则的主要意义以及内容表现在下列几个方面。

第一，该实施细则将反洗钱调查分为三个阶段——调查准备阶段、调查实施阶段和调查结束阶段，并详细规定了每个阶段的审批程序、主要工作、具体措施和相关要求。

第二，依据该实施细则的规定，中国人民银行及它的省一级分支行根据级别管辖和地域管辖的原则分别予以调查不同的可疑交易活动，与此同时，中国人民银行各省级的分支行之间能相互配合进行跨省调查。

第三，该实施细则规定中国人民银行及其省一级分支行在反洗钱调查过程中，可以视情况采取现场调查或者书面调查两种方式，从而大大提高了反洗钱调查的工作效率。

第四，面对"临时冻结"措施的特殊性，此实施细则单列一章对"临时冻结"的施行程序进行了专门的规定，明示了中国人民银行和金融机构的具体操作。

3. 监管指引

中国人民银行在新规章密集出台的情况下，及时了解金融机构执行反洗钱法规过程中遇到的困难，认真倾听各方面的建议和意见，并针对法律规章实施后在操作层面出现的新问题，先后印发了《关于对（金融机构客户身份识别和客户身份资料及交易记录保存管理办法）实施中若干问题的复函》、《中国人民银行关于证券业、期货业和保险业金融机构反洗钱管辖问题的批复》及《关于对可疑交易报告相关问题的复函》等30余份指引，用于指导反洗钱监管部门以及金融机构的反洗钱工作实践。中国人民银行分支机构也采用多种形式加强对相关政策的解读工作，为金融机构释疑解惑。

（三）金融监管机构相关反洗钱制度建设

1. 银监会

银监会召开了《反洗钱工作部际联席会议制度》的工作落实会议，要求各地方银行监管部门根据《反洗钱法》在人员任职以及审批银行业金融机构市场准入时对反洗钱内部控制制度列为审查的内容之一，及时对中国人民银行报告反洗钱工作和银行业金融机构相关的监管信息内容，配合中国人民银行施行反洗钱监管。会议还明确了银监会其他相关部门配合中国人民银行进行反洗钱工作的有关职责。

2. 证监会

证监会将《反洗钱法》的要求融入证券期货行业的日常监督管理工作中，在建设行业基础制度的同时，稳步推进反洗钱工作。

（1）建立起期货保证金安全存管监管制度，落实开户实名制

为了加强期货业反洗钱工作，加强落实开户实名制以及期货保证金封闭管理的要求，在制度上防范行业洗钱风险，证监会在 2007 年 4 月 9 日颁发了新修订的《期货公司管理办法》，确定了符合《反洗钱法》有关规定和要求的期货保证金安全存管规章制度。《期货公司管理办法》第 51 条规定，客户开立账户，一定要出具中国法人资格或中国公民身份证明或其他经济组织资格的合法证件。第 72 条规定，客户应该向期货公司登记以个人名义开设的用于存取保证金的期货结算账户。期货公司以及客户应当利用登记的期货结算账户以及备案的期货保证金账户转账来存取保证金。第 73 条规定，期货公司应按照期货保证金安全存储监控的规定，迅速向期货保证金安全存储管理监控机构报送信息。而中国期货保证金监控中心有限公司是期货保证金存管监控机构，它负责建立管理期货保证金监管控制系统，对期货保证金以及相关业务进行监控。

为督促期货公司执行开户实名制的规定，2007 年证监会期货主管部门专门发文，要求期货公司对客户开户时采集并保存影像资料，同时规定投资者必须本人亲自办理开户手续，不得委托他人办理。

（2）完善所有客户证券交易结算资金第三方存管系统，实现客户结算交易资金全封闭银证转账

证监会统一部署并推动实施证券公司客户交易结算资金第三方存管工作。在第三方存管体系下，证券公司不再直接向客户提供资金存取服务，只负责客户股份管理、证券交易和清算交收等业务，另由具备存管资格的商业银行负责向客户提供资金存取服务。资金进出证券市场唯一的渠道就是客户银行结算账户，证券市场中客户资金的流入流出完全透明，有利于对资金在证券市场流动的监控，从而实现了客户交易结算资金的封闭运行，为防范洗

钱活动奠定了制度基础。截至 2007 年底，所有合格账户全部上线。2008 年证监会结合账户规范工作，继续推进客户证券交易结算资金第三方存管工作，确保规范后的账户及时上线，实现全部参与交易的客户交易结算资金完全封闭运行。

（3）颁布《基金销售机构内部控制指导意见》，提出反洗钱要求

2007 年 10 月颁布了《基金销售机构内部控制指导意见》，当中的有关规定对于基金销售机构的反洗钱义务提出了规范性要求。该指导意见要求基金销售机构切实履行反洗钱工作义务，完善以及建立反洗钱内部控制制度，切实有效地识别客户身份，确保基金销售业务各个环节符合反洗钱法律法规的要求。基金销售机构在办理基金工作业务时，应该确保基金份额持有人、申购资金所在银行账户和制定赎回资金所在银行账户为同一身份。基金销售机构应该对违反反洗钱有关法律法规规定的可疑交易进行记录、监控和报告。

3. 保监会

保监会于 2007 年 2 月向保险行业下发《关于贯彻落实（反洗钱法），防范保险业洗钱风险的通知》，强调保险业开展反洗钱工作的必要性和重要性，对保险机构在内部控制制度和建立健全反洗钱组织机构、落实保险市场准入阶段的反洗钱审查制度、开展反洗钱宣传培训等方面提出了明确要求。各保险机构相继成立了以相关部门负责人为成员、公司领导为组长的反洗钱工作领导小组，指定了负责反洗钱工作的具体联系人和部门，并积极研究加强反洗钱内部操作规程，逐步建立公司内部的反洗钱工作机制。

（四）金融机构内部反洗钱控制制度建设

随着我国反洗钱立法系统不断健全、监管层制度建设强度不断加大，金融机构对于自身反洗钱内部管控制度建设的重视力度也与日俱增。从总体上看，所有国内金融机构均按照反洗钱法律制定的要求，明确了从高层管理人员至一线业务人员的反洗钱责任，制定出了相关内部控制制度，对于客户身份识别、大额和异常交易报告等重点工作制定了较为细致的内部操作流程，金融机构反洗钱内部控制制度体系正逐步完善。表 3—1 所示的是我国金融机构大额交易报告下限。在 2007 年，银行业金融机构把内部控制制度建设的重点放在了按新法律规定的要求更新原来的制度方面，保险业金融机构以及证券期货业全年的工作重点依据《金融机构反洗钱规定》实行反洗钱内部控制制度建设，并取得了一定进展。

表 3—1　　我国 2003 年与 2006 年金融机构《管理办法》大额交易报告下限比较

金融机构大额报告的下限			2003 年		2006 年	
			单笔交易	当日累计	单笔交易	当日累计
人民币报告 单位：元	现金		20 万		20 万	20 万
	转账	个人	20 万		50 万	50 万
		单位	100 万		200 万	200 万
外汇报告 单位：美元	现金		1 万	1 万	1 万	1 万
	转账	个人	10 万	10 万	10 万	10 万
		单位	50 万	50 万	20 万	20 万
	个人跨境交易				1 万	1 万
不需报告的例外情况			5 种交易不需报告		10 种交易不需报告	

二　国内反洗钱协调机制和监管

（一）反洗钱协调机制

依据反洗钱工作部际联席会议成员单位的一致建议，依照《反洗钱法》修订后的《反洗钱工作部际联席会议制度》已获国务院批准实施。反洗钱协调制度在国家反洗钱工作中发挥着更为重要的作用。金融网络中监控管理检测机构的分析如图 3—1 所示。

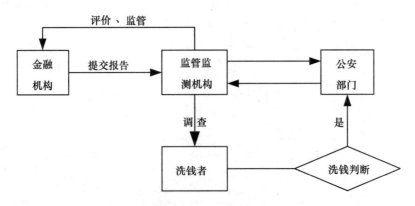

图 3—1　金融网络中监管监测机构分析图

1. 依照《反洗钱工作部际联席会议制度》实施

《反洗钱法》对中国反洗钱监督管理体制做出了明确规定。根据反洗钱工作部际联席会议成员单位的共同建议，反洗钱工作部际联席会议办公室组织对《反洗钱工作部际联席会议制度》进行了修订，经反洗钱工作部际联席会议第三次工作会议讨论后联合上报国务院。2007 年 8 月，国务院批准同意新的《反洗钱工作部际联席会议制度》，对成员单位的组成及其职责进行了调整。

（1）修改完善中国人民银行的反洗钱工作职责

中国人民银行的反洗钱职责调整为：协调、组织全国的反洗钱工作；负责反洗钱的资金监测；部署、指导金融业的反洗钱工作，会同或者制定国务院金融监督管理部门制定金融机构反洗钱规章，检查、监督金融机构履行反洗钱义务的情况；会同国务院有关部门部署、指导非金融高风险行业的反洗钱工作，研究、制定非金融高风险行业反洗钱规章；在职责范围内调查可疑交易活动；依法加强对现金、银行账户、黄金交易以及支付清算组织的管理，采取有效措施防范洗钱风险；会同国务院有关部门、机构和司法机关建立反洗钱信息沟通机制；根据国务院授权，代表中国政府与外国政府和有关国际组织开展反洗钱国际合作，依法与境外反洗钱机构交换与反洗钱有关的资料和信息，管理、协调金融业反洗钱工作的对外合作与交流项目。

（2）充分调整部际联席会议成员单位

新发布的《反洗钱工作部际联席会议制度》依据《反洗钱法》建立非营利性团体组织反洗钱监管制度的要求，新增加民政部成为反洗钱工作部际联席会议单位团体成员，其职责为加强社会团体、基金会以及民办非企业单位等非营利性团体组织的监督和管理，协助中国人民银行制定出非营利性组织的反洗钱规章制度，落实对非营利性团体组织反洗钱方面的监督管理要求。

2007 年，中国国家邮政体制改革后，中国国家邮政局原邮政储蓄业务被剥离，不再履行邮政储蓄的行政管理职责，因此，中国国家邮政局不再作为反洗钱工作部际联席会议成员单位。

（3）修改完善银监会、证监会以及保监会的反洗钱工作职责

证监会、银监会以及保监会新修订的反洗钱工作职责为：配合中国人民银行研究制定出相关行业反洗钱工作的政策和规划，研究解决行业以内反洗钱工作重大以及疑难问题，及时向中国人民银行报告金融机构关于反洗钱工作相关的监管信息；参加制定行业内金融机构反洗钱相关规章，对金融机构

提出建立健全反洗钱内控制度的要求，明确以及贯彻金融机构在市场准入以及人员任职方面的反洗钱要求；协助中国人民银行对于行业内金融机构实行反洗钱监管；及时向侦查机关通报涉嫌洗钱犯罪的交易活动，配合司法部门调查处理涉及洗钱犯罪案件；联合中国人民银行指导行业自律性以及组织制定反洗钱工作指引，进行反洗钱宣传和培训；研究国际以及国内相关行业反洗钱工作的重大问题并且提出政策建议。

（4）规范、明确其他成员单位的反洗钱职责

新的《反洗钱工作部际联席会议制度》对外交部、公安部、司法部、财政部、建设部、商务部、海关总署、工商总局等成员单位的反洗钱职责进行适当修订，增加了人员引渡、公民身份信息核实、企业工商登记基本信息提供、特定非金融行业反洗钱监管、现金出入境信息通报等内容，丰富了反洗钱工作的内涵。

2. 反洗钱工作部际联席会议第 4 次工作会议

在 2007 年 11 月 9 日，反洗钱部际联席会议第四次工作会议召开。会议总结出了第三次工作会议以来全国在反洗钱工作方面的进展情况，讨论部署了在今后一段时期内的工作任务，重点研究和部署落实了《我国完善反洗钱/反恐融资工作行动计划》。部际联席会议有 23 个成员单位的负责同志参与了会议。部际联席会议召集人、也是中国人民银行行长的周小川作了题为"再接再厉，进一步健全完善我国反洗钱制度"的发言，我国国务院副秘书长张平也作了"加强协调配合全面推行反洗钱工作依法有序开展"的发言，苏宁（中国人民银行副行长）主持会议并且对《我国完善反洗钱/反恐融资工作行动计划》方案作了详细说明。出席会议的还有反洗钱工作部际联席会议成员单位代表。

会议强调，中国反洗钱工作仍处于初级阶段，很多方面仍需加以改进和完善。今后一段时间我国反洗钱工作的总体思路和要求是：以邓小平理论和"三个代表"重要思想为指导，贯彻落实党的十七大会议精神，再接再厉，进一步健全中国反洗钱制度，深入推进反洗钱工作，促进和谐社会建设。主要工作是整改或调整中国《刑法》关于洗钱犯罪与资助恐怖活动犯罪的规定，增加法条的可操作性，提高洗钱犯罪与资助恐怖活动犯罪的调查、起诉和判决的效率；研究、制定无记名有价证券出入境申报制度；建立中国人民银行与海关之间的反洗钱信息通报制度；加强对证券业与保险业机构的反洗钱监督检查；进一步扩大反洗钱监管范围，研究启动在律师、房地产等特定

非金融领域开展反洗钱和反恐融资工作；加强国际合作，扩大与各国金融情报中心之间的合作，建立健全防止与打击非法资金跨境流动机制。

3. 反洗钱工作部际联席会议成员单位间的相互合作

在法律规章制定、国际合作、案件查处、信息通报等有关领域，中国人民银行在反洗钱工作部际联席会议框架下组织协调各成员单位全面开展合作，一起推进我国反洗钱工作。

在 2007 年 6 月，中国人民银行和银监会、证监会、保监会一起颁布《金融机构客户身份识别和客户身份资料及交易记录保存管理办法》，对于银行业、证券期货业以及保险业金融机构识别客户身份资料以及相关资料保存的相关义务进行了规定，使各类金融机构对反洗钱义务不仅在总体方面具有一致性，而且可以根据行业的各个不同性质保持各自的特点。

依照《我国完善反洗钱/反恐融资工作行动计划》的部署，中国人民银行已开始和最高人民法院、最高人民检察院、公安部、外交部、国务院法制办等单位实行沟通，研究如何进一步完善《刑法》对于洗钱犯罪以及资助恐怖活动犯罪的规定，建立联合国安理会制裁决议如何在国内执行的机制。

在国际合作方面，中国人民银行和最高人民法院、最高人民检察院、外交部、公安部、银监会、证监会、保监会等相关成员单位紧密合作，同心协力，应对 FATF 评估以后事项，共同参与了书面解答、面对面磋商、全会进行答辩等各个环节的工作，为能在 2007 年 6 月中国成为 FATF 正式成员国提供了保证，圆满地实现了加入国际权威反洗钱组织以及掌握参与反洗钱国际标准制定权、话语权的阶段性目标。

在案件查处方面，中国人民银行与公安、司法、海关等部门就涉嫌洗钱案件线索报告和移交、洗钱犯罪起诉和审判等诸多方面的合作全面开展，全年报案和案件查处数量增加。2007 年，中国人民银行还与海关、税务等部门就建立有关信息通报制度进行了初步探讨，着眼于拓展洗钱线索渠道、及时掌握多方面信息资源，为全面预防和打击洗钱犯罪、有效追缴犯罪所得打下了坚实的制度基础。

（二）反洗钱监管

《反洗钱法》以及配套规章的相继出台实行，为反洗钱监管工作给予了法制化的平台和提供了新的发展机遇。现在的反洗钱监管体系已经覆盖了包括银行、证券期货以及保险在内的各类金融机构。在中国人民银行与有关金融监督管理部门具有实效的监管下，银行业金融机构的反洗钱工作水平继续不断提高，证券期货业以及保险业金融机构反洗钱开局不错，较好地保障了反洗钱资金监测的工作开展，反洗钱机制在发现与打击洗钱犯罪活动中发挥的独特作用开始显现。

1. 监管范围从银行业扩大到证券期货业和保险业

2007 年初，中国人民银行制定下发了《关于证券期货业和保险业金融机构严格执行反洗钱规定防范洗钱风险的通知》，对证券期货业和保险业金融机构进行了风险提示，适时启动了反洗钱工作。与此同时，中国人民银行及时动员部署各分支机构有计划、有步骤地开展对证券期货业和保险业的反洗钱监管工作。为及时深入地了解证券期货业和保险业启动反洗钱工作的状况，中国人民银行部分分支机构开展了报送情况专项现场检查，指导管辖区内金融机构尽快建立和健全反洗钱工作机制。

2. 中国人民银行继续深入开展对于反洗钱现场的检查工作

（1）反洗钱现场检查工作总的情况

在 2007 年，《反洗钱法》以及新的配套规章制度生效后，与原制度相比，反洗钱信息收集与使用的渠道、范围产生了很大变化。为此，中国人民银行适当地调整了工作思路，严格依法施政，提出继续重点做好银行业对于反洗钱现场检查，尝试开展对证券期货业以及保险业的反洗钱现场检查，引导各分支机构正确处理反洗钱在现场检查与行政处罚工作中的各种问题。

据统计，全年共有 715 家中国人民银行分支机构依法对 4533 家金融机构（含其分支机构，下同）进行了反洗钱现场检查，其中检查银行业金融机构 3909 家，证券期货业金融机构 96 家，保险业金融机构 528 家。

对于现场检查过程当中发现的违规问题，中国人民银行依法予以处理，对部分金融机构给予了行政处罚，罚金总共 255242 万元。2007 年全年被罚金融机构共计达 350 家，占被查金融机构总数额的 7.72%，其中，银行业金融机构有 341 家，占被查银行业金融机构总数的 8.7%；证券期货业金融机构有 4 家，占被查证券期货业金融机构总数额的 4.17%；保险业金融机构有 5 家，占被查保险业金融机构总数值的 0.95%。在被处罚金融机构当中，除了 3 家仅涉及不按规定建立健全反洗钱内部控制的违规问题外，其他 347 家均涉及不按规定识别客户身份或者是未按规定报告大额与可疑交易。全年未发生一起由于反洗钱现场检查工作引起的行政复议或者行政诉讼。

（2）对银行业金融机构进行的检查处罚

从机构类别看，2007 年对农村信用社、农村商业银行以及国有和股份制商业银行进行检查的机构较多；外资银行与城市信用社被检查的机构相对要少。

从总体上看，对银行业金融机构的检查和处罚具有以下几个特点：

一是，被查机构数与该类金融机构的总数正相关。机构数量较多的国有和股份制商业银行、农村信用社被检查的数量较多，机构数量较少的外资银行、城市信用社被检查的数量较少。

二是，从各类银行被处罚机构数量与全部被处罚机构的比例关系来看，国有制和股份制商业银行被处罚机构数占全部被处罚机构的比例最高，为54.55%，城市信用社被处罚机构数占全部被处罚机构的比例最低，为0.2%。中资银行被处罚机构数占全部被处罚机构数的比例是97.9%，外资银行被处罚机构数占全部被处罚机构数的比例是2.05%。

三是，与2006年相比，全年未有因银行业金融机构不履行反洗钱职责而造成洗钱案件发生的情况下，各类银行业金融机构被处罚的平均比例下降了10%左右。但反洗钱工作起步相对较晚、技术水平相对较低、工作设施相对较差的农村信用社和农村商业银行受到重点检查，其被检查机构数在整个银行业被检查机构总数的占比增长迅速。这在一定程度上反映出中国人民银行的反洗钱现场检查工作思路正逐步转向以风险为本的反洗钱监管方向。农村信用社和农村商业银行被处罚的比例明显上升，显示这两类金融机构反洗钱工作合规程度亟待提高。

客户身份识别制度。全年总共发现33468起不按规定登记客户身份基本信息或者留存客户身份资料的情况，有14399起未按规定审核客户相关身份证件的情况，并检查出了744个匿名账户（主要是没有清理完的非实名账户，已经按规定移送相关业务部门）。上面所述违规问题主要出现在两种金融机构，一种是机构网点遍及城乡的国有制商业银行；另一类是农村合作银行和农村信用社，共发现17528起未执行客户身份识别制度的情况。两类金融机构都有大量营业机构遍布农村，银行工作人员在开立账户等环节对身份证件的审核不够严格。

客户交易记录和身份资料保存制度。检查中发现仍有银行业金融机构未按规定保存客户交易记录和身份资料。从出现违规行为的机构类别看，经营历史较短的股份制商业银行由于档案数少，较少出现违规问题，有的银行甚至没有检查出这方面的问题。而经营历史较长的国有商业银行按新规定整理客户交易记录和身份资料的工作量较大，发现的违规问题较多。

内部控制制度建设。全年检查中共发现未按规定建立健全反洗钱内部控制制度的情况 3122 起，主要问题为金融机构未按照已出台的反洗钱法律规定及时更新原有内部控制制度。

可疑交易报告制度。全年共检查金融交易 3.36 亿笔，从中发现未报告的可疑交易共计 52.71 万笔，仅占总检查交易笔数的 0.16%。

（3）针对证券期货业金融机构与保险业金融机构的检查处罚

由于这两个行业的反洗钱工作刚起步，在 2007 年对证券期货行业与保险业的反洗钱现场检查定位还是教育性检查，检查的主要内容偏重于对金融机构内部控制机制的了解。

2007 年，中国人民银行共检查 96 家证券期货业金融机构，其中证券公司 92 家，期货经纪公司 3 家，基金管理公司 1 家。共对 4 家证券公司采取了责令限期改正等处罚措施，未对证券期货业金融机构罚款。检查发现的违规问题主要有：未按规定识别客户身份；未报告大额交易和可疑交易；未按规定保存客户身份资料和交易记录；所有被查机构均不同程度地存在反洗钱内部控制制度不健全的问题。检查中发现，在客户身份识别方面和记录保存方面的违规问题中，大多数是由于基金管理公司无法从代销基金产品的银行取得客户身份资料信息造成的。

2007 年，中国人民银行总共检查了 528 家保险公司，其中的寿险公司有 233 家，财险公司有 295 家；处罚了 5 家保险业公司，其中寿险公司有 2 家，财险公司有 3 家，没有对保险业金融机构进行罚款。检查发现的违规问题主要包含：没有按规定识别客户身份；没有报告大额交易和可疑交易；没有按规定保存客户身份资料与交易记录；所有被查机构均不同程度地存在反洗钱内在控制制度不健全的问题缺陷。

3. 中国人民银行探索建立反洗钱非现场监管机制

反洗钱非现场监管作为中国人民银行反洗钱工作一项新的监管手段，承担着收集金融机构报送的反洗钱信息、分析评估其执行反洗钱法律法规的状况、并根据评估结果采取相应的风险预警，限期整改等监管措施的职能。

（1）建立反洗钱关于非现场监管的基本原则与整体框架

在 2007 年，中国人民银行依据《反洗钱非现场监管办法（试行）》，开展反洗钱非现场监管工作，开始建立了"自上而下与分级监管"的工作机制。依据"分级监管"原则，中国人民银行总行负责针对全国性金融机构总部反洗钱规定的行为进行非现场监管，中国人民银行分支机构承担对本辖区内的下属分支机构与地方性金融机构总部实行非现场监管，并对收集的辖区内金融机构执行反洗钱非现场监管信息进行汇总并上报给中国人民银行总行，中国人民银行总行负责汇集全国金融机构的非现场监管的全部信息。

（2）督促金融机构履行与反洗钱非现场监管工作相关的义务

作为被监管对象，金融机构在反洗钱非现场监管工作中承担着重要角色，《反洗钱非现场监管办法（试行）》对金融机构应履行和承担的义务做了明确规定。中国人民银行分支机构通过下发工作指引、举办培训班、召开座谈会等形式，积极引导辖区内金融机构认真履行与反洗钱非现场监管工作相关的义务。同时，对在反洗钱非现场监管工作中履行义务不力，工作不到位的金融机构，中国人民银行分支机构通过下发非现场监管质询书、定期召开反洗钱非现场工作通报会等形式，督促其认真履行与反洗钱非现场监管工作相关的义务。针对证券期货业和保险业反洗钱监管相对较薄弱的领域，中国人民银行部分分支机构因地制宜，通过建立工作联系制度，加强与证券期货业和保险业金融机构的反洗钱工作联系，有效地推动反洗钱非现场监管工作在所有金融机构的全面开展。

（3）开展反洗钱非现场监管信息的汇总与分析

为了进一步做好反洗钱非现场信息收集与汇总工作，中国人民银行总行努力探索有效的信息收集渠道与汇总方式，对金融机构在《反洗钱非现场监管办法（试行）》规定的非现场监管报表的基础上进行分门别类，设计出了一套反洗钱非现场监管信息汇聚的年报表和季报表，用于适用于反洗钱非现场监管信息的汇集、统计和分析。在中国人民银行总行统一的安排部署下，各分支机构努力探索完善反洗钱非现场监管系统，努力提高非现场监管工作效率。自从该办法实施以来，中国人民银行已经开展了多次金融机构对反洗钱非现场监管信息进行收集、汇总以及分析工作。

4. 证监会的反洗钱监管工作

2007 年，证监会根据《反洗钱法》的规定，督促证券期货业金融机构依法建立反洗钱工作制度，将反洗钱工作纳入日常监管范围，对证券期货业金融机构的反洗钱工作开展了监督检查。

（1）督促证券期货业金融机构依照法律建立反洗钱工作制度

证监会及其派出机构高度重视证券期货业金融机构对于反洗钱工作制度的建设，采取了一系列措施督促被监管机构实施建章立制。

一是，有效组织证券期货业金融机构建立反洗钱内部控制制度。

为了落实《反洗钱法》以及它的配套规章，证监会在 2007 年 1 月 26 日发布《关于贯彻落实（反洗钱法）有关事项的通知》，要求证券期货业金融机构以及它的分支机构制定反洗钱内在控制制度。证监会各派出机构各自向辖区内证券期货业金融机构转发了上述通知，要求各机构加快落实相关要求。

二是，组织证券期货业相关金融机构落实大数额交易与可疑交易报告制度。

为了督促证券期货业金融机构建立大额与可疑交易报告制度，在 2007 年 4 月，证监会发布了《关于做好证券期货业大额交易和可疑交易报告及相关反洗钱工作的通知》，及《关于做好大额交易和可疑交易报告及相关反洗钱工作的通知》，提出证券期货业金融机构依照中国人民银行的有关规定的要求，加快从工作制度与技术上做好证券期货业大数额交易与可疑交易报告的准备事项。证监会派出机构也相继对辖区内证券期货业金融机构转发以上文件，要求有关机构认真执行。

三是，协助做好试报送工作。

证监会及派出机构协助中国人民银行组织部分证券期货业金融机构进行了大额交易和可疑交易报告，试报送试点工作，并就做好此项工作分别向派出机构、证券及期货业协会，证券期货业金融机构提出明确的工作要求。

（2）依法履行反洗钱工作职责，将反洗钱纳入日常工作监管范围，对于证券期货业金融机构进行的反洗钱工作予以监督检查

一是，纳入基金审批工作范畴。

依据《反洗钱法》第 14 条有关规定的职责，证监会基金主管部门对新机构审批时，已经将是不是建立有效的反洗钱工作制度作为申请新基金销售业务资格审查的重要内容，同时审查申请机构建立的基金销售信息系统是否符合反洗钱相关制度的功能要求，对提出不符合反洗钱规定的申请，不予批准。湖南证监局在进行办理证券公司与期货公司行政许可相关事项中，坚持把公司能否设立反洗钱机制、能否配备专职或者兼职反洗钱工作人员，当做是否审批的重要条件。

二是，纳入日常机构监管工作范围。

河南、浙江、江西、深圳、厦门等地的证监局，明确将反洗钱工作纳入日常监管范围。深圳证监局将督促被监管机构建立反洗钱工作制度、执行反洗钱工作规章、做好反洗钱培训和宣传等项工作任务列入其工作计划之中，

并将计划分解落实，责任到人。厦门证监局将反洗钱工作要求列为《厦门辖区证券营业部分类监管方法》中的一项重要内容进行考核，对不按照规定做好反洗钱工作的机构予以扣分，并采取下发整改通知、谈话提醒等监管措施。湖南证监局计划将辖区内证券期货业金融机构履行反洗钱义务的情况纳入诚信记录，在湖南社会信用信息系统中公布。

三是，组织相关反洗钱工作检查。

为了及时和有效地掌握辖区内所在证券期货业金融机构有关反洗钱工作情况，在 2007 年，新疆地区、江苏省、浙江省、贵州省、河南省、河北省、甘肃省、北京市、重庆市、青岛市、厦门市等省市地区的证监局，对辖区以内证券期货业金融机构有关反洗钱工作进行了较为全面检查或专项检查，涉及反洗钱内部控制制度的实施建立情况、内部反洗钱机构与人员的相关设置情况、大额以及可疑交易报告制度的落实情况、反洗钱工作流程的实施建立情况、反洗钱相关资料传递和保存情况、反洗钱培训有关情况、落实客户身份识别工作制度情况，特别是进行证券、期货账户实名制的情况等很多方面的内容，对检查中发现的问题，立即提出整改意见。通过检查以及整改，有效地加强了辖区证券期货业金融机构对于反洗钱工作的意识，进一步完善了各机构内部反洗钱工作制度，有力地促进了辖区证券期货业对于反洗钱工作的开展。

（3）全面清理、规范证券市场账户，通过实现交易实名制，真正落实反洗钱要求

为防范不法资金进出市场的风险，落实《证券法》有关开户实名制要求，证监会自 2007 年 8 月正式启动了证券市场账户规范工作，将证券市场账户分为合格账户、休眠账户和不合格账户三类。整个市场账户规范工作历时一年，所有不合格账户被中止交易，全部休眠账户退出交易，能够参与交易的均为实名对应的合格账户，实现从证券公司端堵塞资金假借他人名义进入或流出证券市场的漏洞。

三　反洗钱监测分析与洗钱案件查处

（一）反洗钱监测分析与洗钱案件查处

在 2007 年，中国人民银行对反洗钱资金监控范围从银行业扩大至证券期货业和保险业，实现了大数额和可疑交易报告的"总对总"报送。与此同时，依法对可疑交易活动展开了反洗钱调查，主动向侦查机关报送大量涉嫌

洗钱犯罪的线索，有效地促进了洗钱案件的查处。

1. 反洗钱监测分析

（1）反洗钱资金监测范围从银行业扩大到证券期货业和保险业

2007 年 2 月，中国人民银行正式发布《银行业、证券期货业、保险业大额和可疑交易报告要素内容释义和数据接口规范》，完成了互联网正式接收平台和中国人民银行外网数据接收平台接收模块的部署。2007 年 10 月 1 日，中国反洗钱监测分析中心开始接收证券期货业、保险业报送的数据。2007 年 11 月 1 日，开始接收银行业按新标准正式报送的数据。截至 2007 年底，全国 308 家银行业报告机构中已有 279 家正式报送数据，333 家证券期货业报告机构中已有 243 家正式报送数据，107 家保险业报告机构中已有 90 家正式报送数据。

（2）实现大额与可疑交易报告"总对总"报送

为了充分发挥反洗钱监控分析优势，中国人民银行还将金融机构报送大额与可疑交易报告的方式进行了重大调整。依据《金融机构大额交易与可疑交易报告管理办法》的规定，所有银行业、证券期货业和保险业金融机构应以"总对总"方式对中国反洗钱监测分析中心上报大额和可疑交易报告。金融机构 2007 年在更新报告要素内容释义与数据接口规范的同时，也实现了大额与可疑交易报告的"总对总"报送。这也改变了以前经过中国人民银行分支机构报送的做法，有利于金融机构总部管理好自身机构的全部大额以及可疑交易报告，能及时综合分析本机构面对的整体洗钱风险。与此同时，中国人民银行分支机构能将现有资源运用于反洗钱监管、调查职能中，实现反洗钱资源的适合配置，提高了反洗钱工作的总的有效性。

（3）大额和可疑交易报告

2007 年，银行业金融机构共向中国反洗钱监测分析中心报送大额交易报告 2.1 亿笔。2007 年 10 月 1 日，证券期货业和保险业金融机构开始向中国反洗钱监测分析中心报告大额和可疑交易，其中证券期货业金融机构报送大额交易报告 27.95 万笔，可疑交易报告 3.47 万份，保险业金融机构报送大额交易报告 1.14 万笔，可疑交易报告 4139 份。

（4）2007 年度举报接收与处置

中国 2007 年反洗钱监测分析中心总共受理举报 117 份，相比 2006 年上升 19%。

2. 反洗钱相关调查

（1）调查重点是可以交易线索情况

依据《反洗钱法》的规定，中国人民银行如发现可疑交易活动需要进行调查核实的，可以向金融机构予以调查。为了规范反洗钱调查执行行为，依法履行反洗钱调查的相关职责，中国人民银行专门制定出了《中国人民银行反洗钱调查实施细则（试行）》文件。中国人民银行 2007 年对发现和接收的可疑性交易线索进行分析筛选以后，对其中 1534 个重点而且可疑的交易线索进行了 2052 次反洗钱调查工作。

（2）报案情况

根据《反洗钱法》的规定，中国人民银行对可疑交易活动经调查仍不能排除洗钱嫌疑的，应当立即向有管辖权的侦查机关报案。2007 年，中国人民银行共向侦查机关报案 554 起，占全部调查线索数量的 36.11%，涉及金额折合人民币约为 2295 亿元。

3. 洗钱案件查处

（1）侦查机关侦查与破获涉嫌洗钱案件情况

各地侦查机关 2007 年加大了对涉嫌洗钱犯罪的打击力度，努力侦查并破获了大量涉嫌洗钱案件，如上海潘某等人洗钱案和江苏镇江谭某等人走私洗钱案等。

其中，中国人民银行积极发挥其在反洗钱中的优势，在协助侦查与破获涉嫌洗钱案件中发挥了重要作用。据统计，中国人民银行 2007 年协助侦查机关调查涉嫌洗钱案件共 328 起，涉及金额折合人民币约为 537.2 亿元。

2007 年，中国人民银行共协助侦查机关破获涉嫌洗钱案件 89 起，涉案金额折合人民币约为 288 亿元。

从破获洗钱事件涉及的上游犯罪类型进行分析，涉及破坏金融管理秩序犯罪的最多，约占总数的 34.8%，其次是涉及毒品犯罪的，约占总数的 10.1%。

（2）我国司法机关审判洗钱犯罪案件情况

在司法实践当中，司法机关依据洗钱案件的具体案情不同，分别适用于《刑法》第 191 条、第 312 条和第 349 条惩治各类洗钱犯罪。2007 年，全国范围内各级人民法院依照《刑法》第 191 条、第 312 条和第 349 条审结洗钱罪案件 8127 起，追究涉案刑事责任 13809 人。

4. 打击地下钱庄

2007 年，公安机关会同中国人民银行和国家外汇管理局等部门组织多次行动，破获 43 起重大地下钱庄案件，抓获犯罪嫌疑人 180 余名，涉案金额折合人民币 114 亿元，有力地遏制了此类犯罪的高发势头。例如，成功地破获了深圳杜氏地下钱庄案、上海"2·07"专案、珠海万某贸易公司地下钱庄案、沈阳金某地下钱庄案等 10 余起重大事件，其中，广东侦破的地下钱庄案件数量占全国总量的 1/3。

5. 打击涉毒洗钱相关犯罪专项行动

2007 年，全国范围内的禁毒部门认真贯彻落实了胡锦涛总书记等中央领导的指示精神，依照国家禁毒委员会的统一部署，大范围地开展禁毒人民战争，禁毒斗争事态明显好转。其中，中国人民银行参与到云南等地积极开展打击涉毒洗钱刑事犯罪的专项行动，积极地配合了"禁毒人民战争"工作。到 2007 年底，中国人民银行各个分支机构充分发挥它们在反洗钱方面的优势，总共协助公安机关破获有关毒品犯罪案件 7 起，涉案金额折合人民币约为 5.2 亿元。

(二) 反洗钱宣传与培训调研

2007 年，围绕《反洗钱法》的贯彻落实，中国反洗钱宣传培训的范围从银行业全面扩展到证券期货业和保险业，中国人民银行、银监会、证监会、保监会、司法部、公安部等反洗钱工作部际联席会议成员单位依据各自职责在全国范围内举办了一系列规模大、范围广、针对性强的反洗钱宣传培训，在全社会形成了跨部门、跨行业、多层次的反洗钱宣传培训工作格局。

1. 反洗钱宣传形式变得新颖，金融机构宣传力度明显增强

中国人民银行对反洗钱宣传工作载体不断加以创新，利用中国政府网站等网络形式与广大网友开展在线访谈，帮助大众更加清楚、更加全面地了解洗钱问题以及反洗钱工作。中国人民银行分支机构根据区域特点，开展了多种形式的宣传活动。有的分支机构进行辖区内反洗钱知识竞赛，通过金融知识全国巡展的有利时机实行反洗钱工作宣传；有的克服地域、交通困难，将反洗钱宣传品发放到牧区等一些偏远地区；有的还通过当地电台热线予以宣传。

2007 年，司法部通过举行研讨会、在报纸杂志撰稿等多种形式向社会宣传、普及刑事司法知识。证监会指导湖南、湖北、辽宁、广东、江西、青岛等地分支机构，结合投资者教育工作，组织辖区内证券期货经营机构，通过知识竞赛、专题讲座、网站专栏、宣传台或板报等多种形式，广泛、生动地

开展反洗钱宣传教育。保监会于 2007 年初下发了《关于开展反洗钱宣传活动的通知》，各地保险机构积极响应，结合业务实际，采取悬挂标语、发放折页、分发手册等形式向社会公众开展宣传反洗钱，并通过业务会、晨会、内部刊物等形式在内部进行反洗钱宣传，夯实了反洗钱工作基础。

《反洗钱工作简报》，作为反洗钱工作部际联席会议成员单位相互工作交流和对金融机构以及其他相关单位开展反洗钱宣传的重要载体，自从 2006 年改版以来，其内容更具有丰富性、具体性、实用性，报送信息数量逐步增加，其信息的深度、广度也有了很大程度的提高。形成了高质量的综合类、调研类、分析类的稿件，充分发挥了在信息反馈、决策服务、交流工作、宣传引导等方面的作用，也有效地服务于领导决策，有利于推动反洗钱工作的开展。

2007 年，金融机构的反洗钱宣传活动开展 2 万余次，参加宣传活动的人数为 399 万人，发放宣传材料 3420 万份，宣传力度较前几年大大增加，对全社会的影响力有所增强。

2. 反洗钱培训突出其实用性，金融机构业务培训量大大增长

在 2007 年，中国人民银行和金融机构共举办反洗钱培训约 6.3 万次，培训人数约 338 万人次，其中中国人民银行举行的关于反洗钱法规、监管、调查等专项培训 1900 余次，累计有 9 万人次参加。中国人民银行另外还组织编写了《反洗钱理论与实务》、《金融运行中的反洗钱》、《反洗钱法规实用手册》和《金融机构反洗钱指南》等教材，与中国金融培训中心合作开办了中国人民银行的首期远程教育网络课程，大大促进了金融机构反洗钱业务骨干能力的增强。

证监会、保监会、中国期货业协会、中国保险行业协会等机构也组织了监管培训和相关行业机构的反洗钱业务培训。2007 年 3 月，证监会在青岛举办了首期证券监管系统干部反洗钱培训班。5—6 月，证监会主办、中国期货业协会承办了三期期货公司高级管理人员反洗钱培训班，对 146 家期货公司的 924 名高级管理人员进行了反洗钱专题培训。部分证监局专门组织监管干部进行反洗钱法律法规、政策措施和实务操作等方面的培训交流，并对辖区内证券期货经营机构从业人员进行了反洗钱培训。

3. 反洗钱调研要紧密结合工作实际，注重与被监管机构对话

2007 年反洗钱调研工作以配合反洗钱政策制定与解决反洗钱领域新问题为重点展开。针对反洗钱工作的新业务与工作中出现的新情况和新问题，中国人民银行与证监会、保监会先后组织进行了证券期货业、保险业反洗钱监

管的调研，和被监管机构对话 29 次，参与对话的被监管机构人员约 480 人次。组织开展了针对大额现金管理、网上银行、银行卡、网上赌博、证券保险业以及特定非金融业有可疑交易类型与监测方法、恐怖资金监控等问题的专项调研，并且将调研成果用于指导反洗钱工作实践，成果明显。而反洗钱工作部际联席会议成员单位也在其各自职责范围内实施了反洗钱调研工作。

四 大额可疑交易上报制度

资本市场的参与者面临着信息不对称的问题，即市场中交易的一方比另一方拥有更多的信息。在金融机构洗钱与反洗钱的领域内，这种不对称信息更为明显：金融机构处于较为有利的位置，可以从容地进行包装；而反洗钱主管机关处于不利的位置，双方对真实信息的拥有程度有较大差异。这种非对称信息的存在，严重影响了反洗钱主管机关对金融机构经营情况的判断。在理性经济人的假设前提下，如果缺乏必要的制度约束与信息约束，作为信息优势方的金融机构，就有可能产生道德风险或逆向选择，即为了实现其利润最大化以及获得更有利于自己的条件的目标，可能利用自己的信息优势，故意隐瞒某些不利于自己的信息、甚至制造虚假信息等，以逃避反洗钱主管机关的约束。因此，信息交流不完善是导致金融机构纵容洗钱的重要因素之一。正如 Akerlof G. 提及的"Lemon"（次品）问题一样，当金融机构对资金运动拥有比反洗钱主管机关更多的信息时，纵容洗钱的金融机构就可能驱逐积极反洗钱的金融机构，从而导致黑钱猖獗，使市场上黑钱的比例增加，而合法的资金比例下降。解决这种"道德风险"或"逆向选择"问题的办法，就是设法将信号传递给没有信息的反洗钱主管机关，或由主管机关迫使金融机构尽量多地披露相关信息。

然而，国内的一些金融机构的保密条例却阻碍了监管当局的监管；在国际上，由于存在国家的主权性，一个政府如果想要拥有本国居民在外国投资的相关内部信息十分困难——某些国家金融机构的一些规定富有成效地防止了一些账户的复制、泄密以及转移等，妨碍了各国之间信息的交流。这样这些国家成为某些希望保持其账户隐秘性的客户的最好选择，成为某些不法行为收入的最佳去向。有证据表明，现在洗钱的中心正在慢慢向发展中国家转移，因为那些国家的金融市场还不完善，尤其是金融系统还没有建立起有效的大额和可疑信息披露与识别机制，不能协调反洗钱各方的信息沟通。而与之相比，发达国家大多已经建立起了专门的反洗钱各方信息沟通机制，比如澳大利亚的可疑交易报告分析中心，美国的金融犯罪执法网络等。

由此可见，在信息不对称的情况下，需要相关制度来解决让金融机构说真话的问题，大额与可疑信息报告制度存在的理由就自然生成了。大额与可疑信息报告制度主要是反洗钱主管机关针对信息不对称而采取的措施。其作用有三：一是有利于主管部门获悉洗钱信息，收集证据，打击犯罪。一个典型、完整的洗钱过程可以分为放置、培植以及融合三个阶段。在实际的洗钱操作过程中，三个阶段有时很明显，有时则交叉运用，难以截然分开。一般来说，对洗钱者而言放置阶段是最困难的一步——洗钱者所面临的实际问题是将从毒品等犯罪交易中所获得的大量现金改变成便于携带和隐瞒的形式。一旦进入培植阶段，识别和追踪就会变得相对困难。因此，各国通常首先针对放置问题采取措施，以打破洗钱过程中最脆弱的环节。由于洗钱者在放置过程中经常将银行等金融机构作为主要的利用对象，因此，金融机构应当建立有效的监测体系，切实做好大额与可疑信息报告工作，以便有关部门采取措施，打击洗钱活动。二是增加了洗钱的难度和成本。金融机构实施大额与可疑信息报告后，便负有法定的对特定交易保持高度警惕的义务，洗钱者则在利用金融机构洗钱时会产生畏惧心理，从而加以谨慎考虑。三是提供了各国互相配合的畅通渠道。由于各国司法管辖权和国内法的差异及洗钱的跨国运作的特点，各国沟通反洗钱十分困难，大额与可疑信息报告制度无疑为各国信息交流提供了一个很好的平台。

此外，就金融机构自身而言，实行大额与可疑信息报告制度还能够有效地保护金融机构的合法利益。依据相关报道，全世界每年大概有 5900 亿美元的黑钱经过金融机构（主要是商业银行）进行清洗，金融机构如果不警惕洗钱，便可能成为洗钱者的合伙人。由于大多数国家规定没收洗钱犯罪的收益，因此金融机构有可能遭受直接经济上的损失，内部系统遭受损害，甚至会受到刑事上或者行政上的处罚。另外，正如巴塞尔委员会指出，金融稳定应建立在大众信任的基础上，金融机构如卷入洗钱必会动摇公众信心，影响它的声誉，破坏这种信任与金融的稳定。

综上所述，无论从金融机构自身的利益还是从一国国内的金融稳定目标来看，大额与可疑信息报告都是必要而且必须的。但是，为了获得每个参与者的真实信息和资金动向，金融机构势必投入大量的人力、物力，耗费大量的成本。当搜集信息的成本过大，也就是搜集信息投放的边际成本大于边际利益时，金融机构则无利可图。而作为理性经纪人，金融机构是否进行大额和可疑信息报告或在多大程度上进行报告必然是理性人选择的结果，是在进行"成本"与"收益"的比较分析之后，遵守个人效用最大化原则做出的理性选择。

五　简评《中华人民共和国反洗钱法》

《中华人民共和国反洗钱法》的发布，对我国的反洗钱工作来讲，无疑是雪中送炭。它首先满足了我国反洗钱的实际需要，随着我国经济的发展，洗钱犯罪逐步变得更加猖獗，它已经越来越得到社会各界的关注，打击洗钱犯罪的需要日趋紧迫，立法已经刻不容缓。再次我国本来已经批准参加《联合国打击跨国有组织犯罪公约》、《联合国反腐败公约》、《联合国禁止非法贩运麻醉药品和精神药物公约》及《制止向恐怖主义提供资助的国际公约》等等，这些公约明确要求各成员国建立完备的反洗钱制度，该法的诞生，也将我国的反洗钱立法进一步与国际接轨。综观该法主要的进步有以下几点：

（1）明确了专门的反洗钱监督机构。即该法第八条明确规定：国务院反洗钱行政主管部门协调、组织国家的反洗钱工作，负责反洗钱资金监测，会同国务院有关金融监督管理机构，制定金融机构反洗钱规章，检查、监督金融机构履行反洗钱义务的情况，在职责范围内调查可疑交易活动，履行国务院和法律规定的有关反洗钱的其他职责。专门机构的确定，无疑会使得反洗钱工作更加高效的进行。

（2）再次扩大明确了洗钱犯罪的上游犯罪。世界各国随着洗钱犯罪的发展都在不断的加强对洗钱犯罪打击的范围，不论是哪种犯罪收益的清洗，都有很大的社会效益。纵观国际上的反洗钱立法的发展，扩大上游犯罪的范围也是大势所趋。

（3）明确了反洗钱与公民合法权益之间的关系。反洗钱法规定：

其一，对依法履行反洗钱职责或者义务获得的客户交易信息和身份资料，应当予以保密。

其二，反洗钱行政主管部门和其他依法负有反洗钱监督管理职责的机构、部门履行反洗钱职责获得的客户交易信息和身份资料，只能用于反洗钱行政调查。而司法机关依照本法获得的客户交易信息和身份资料，只能用于反洗钱刑事诉讼。

其三，违反该法规定的保密义务，应当承担法律责任。反洗钱行政主管部门和其他依法负有反洗钱监督管理职责的机构、部门从事反洗钱工作的人

员，泄露因反洗钱知悉的商业秘密、国家秘密和个人隐私的，依法给予行政
处分。

其四，对于反洗钱调查的相关职权的行使，如：查阅、询问、复制、封
存和临时冻结等措施，要严格规定调查主体、条件、程序和冻结期限等。防
止其权力滥用，保护了公民的合法权利。

（4）以法律的形式对相关机构明确了建立客户身份资料、客户身份识别
制度和交易记录保存制度、大额交易和可疑交易报告制度的要求。该法第3
条规定：在中华人民共和国境内设立的金融机构和按照规定应当履行反洗钱
义务的特定非金融机构，应当依法采取监控、预防措施，建立健全客户身份
资料、客户身份识别制度和交易记录保存制度、大额交易和可疑交易报告制
度，履行反洗钱义务。同时，第35条规定：应当履行反洗钱义务的特定非
金融机构的范围、其履行反洗钱义务和对其监督管理的具体办法，由国务院
反洗钱行政主管部门会同国务院有关部门制定。金融机构是洗钱犯罪分子利
用的主要工具，建立健全的预防体制，是打击洗钱犯罪的关键，同时，这样
的规定也符合了我国所参加的国际条约的要求。

（5）专门设立反洗钱信息中心。反洗钱法第10条规定，反洗钱信息中
心主要负责大额、可疑交易的分析和接收，并按照规定对中国人民银行报告
分析结果。设立专门的情报分析机构，有利于反洗钱活动的进行。尽管新的
反洗钱法获得了一些可喜成绩，但和领先的国际立法比较，它仍然略显范围
保守与狭窄，有一些不尽如人意的地方。洗钱犯罪是一种国际化犯罪，靠一
国之力，是很难抑制它的发展的。如要能够有效的打击与预防国际洗钱犯
罪，那么我国还要不断地修正自身的法律体系，学习先进的国际立法，加强
国际合作，与世界接轨，同时加强信息领域的沟通交流，方能够标本兼治，
作到防患于未然。

六　洗钱罪的立法缺陷

由于受政治、经济、社会发展等因素的制约，我国关于洗钱罪的刑事立
法起步较晚，目前还不成熟，尚有许多缺陷。本节从洗钱罪的刑事立法缺陷
及对洗钱罪的犯罪构成进行研究和探讨。

（一）洗钱罪涉及的上游犯罪范围过窄

1. 上游犯罪的含义

涉及洗钱罪的上游犯罪，指具有产生非法收益的基础性犯罪，即先行犯

罪。洗钱罪是相对于基础犯罪的下游犯罪，就是后发性犯罪。由于洗钱的对象是指特定犯罪的违法所得以及它产生的收益，所以构成上游犯罪的具体的犯罪须以能产生非法所得为前提条件。

我国修订后的《刑法》明确将洗钱罪的上游犯罪标示为：黑社会性质的组织犯罪、毒品犯罪、恐怖活动犯罪、走私犯罪四个方面的犯罪。

2. 上游犯罪范围的相关立法缺陷

我国《刑法》中洗钱罪对于上游犯罪范围的规定存在过窄的问题，不能适应我国目前社会与经济发展状况。在我国改革开放的十几年里，国民经济飞速发展，尤其是我国进入 WTO 后，更是加快了发展经济的步伐，而且与国际间的交往日趋频繁，洗钱犯罪日渐严重，洗钱犯罪已涉及所有的侵财型犯罪，比如偷逃漏税、贪污、诈骗、贿赂、走私、盗窃、非法侵占等犯罪行为，洗钱的方式也是种类繁多。因此，我国对于洗钱罪的上游犯罪仅仅限定在黑社会性质的组织犯罪、走私犯罪、恐怖活动犯罪、毒品犯罪这几类犯罪，已远远不能满足司法实践的真实要求，不利于和犯罪分子作斗争。把应该通过洗钱罪来遏制的犯罪排除在洗钱罪的打击范围以外，使犯罪分子"合法"进行洗钱，进而助长了犯罪活动。例如实践中，恐怖活动犯罪与黑社会性质的组织犯罪经常与杀人、爆炸、绑架勒索等相关犯罪活动交织在一起的。对于黑社会性质的组织犯罪来说，犯罪活动经常以绑架勒索、抢劫、组织卖淫等形式出现，并以之为后盾，它的非法收益，一般都是通过这些途径而获取的。可以说，使用威胁、暴力等犯罪手段就是黑社会性质的组织从事犯罪活动最实质的内容。因此，关于黑社会性质的组织犯罪和抢劫、盗窃、敲诈勒索等犯罪活动不但不排斥，相反还有不可分割的关系。所以，抢劫、盗窃或敲诈勒索等犯罪活动，一旦是以黑社会性质的组织身份进行的，其犯罪收益能成为洗钱罪的对象。但是如果单纯进行了抢劫、盗窃、敲诈勒索等犯罪行为并且获取了收益，而不是以黑社会性质的组织身份进行的，其犯罪收益当然不应成为洗钱罪的对象。根据《刑法》的规定，对于以上两种相同性质的行为所产生的违法收益而进行的洗钱行为，后者不应构成洗钱罪，前者则能够构成洗钱罪，这明显不符合罪刑法定原则。

从不同国家和地区的反洗钱立法来看，不同的国家和地区，不同的国际组织，对洗钱罪上游犯罪有着不同的规定，大致有以下三种情形：第一，适中的上游犯罪。只惩处某些特定犯罪所得的洗钱行为。如法国只规定淫媒罪和毒品犯罪，英国将洗钱的对象规定为恐怖主义犯罪和毒品犯罪。第二，狭义的上游犯罪，只惩处毒品犯罪所得的洗钱行为。如根据 1988 年 12 月联合国《禁止非法贩运麻醉药品和精神药品公约》第 3 条规定，将洗钱罪的上游犯罪限定为毒品犯罪。目前，泰国和我国的香港地区仅将洗钱犯罪的上游犯罪限定为毒品犯罪。这种规定由于范围太窄，已经不能适应反洗钱的现实需要，因而也渐渐被国际社会和各国所摈弃。第三，广义的上游犯罪。对所有犯罪所得的洗钱行为或者超过一定社会危害性以及能够产生非法赢利的一切犯罪的洗钱行为进行惩处。

所以我国《刑法》洗钱罪对于上游犯罪的范围规定过窄，同国际潮流相悖。西方十大工业国家与其他自愿加入的国家 1989 年 7 月组成了一个金融行动工作小组，对洗钱罪定义为："凡掩饰或隐匿因犯罪行为而取得财物的实际来源、性质、地点、流向以及转移，或协助任何同非法活动有关之人逃避法律应负责任者，均应该属于洗钱行为。"这里的洗钱犯罪对象指一切犯罪所得。加拿大刑法典规定，关于洗钱的对象必须是"得自或者通过交易来自企业犯罪或者特定的毒品犯罪"，然而所谓企业犯罪，是指刑法上规定的其他能够产生非法赢利的有关经济犯罪，涵盖各种诈骗罪（比如破产诈骗、证券诈骗、贷款诈骗等）、敲诈勒索罪、伪造罪、以保险诈骗作为目的的非法性赌博罪和纵火罪等。这些犯罪所得财产也可以成为洗钱对象。国际金融特别工作组向世界上通行的反洗钱国际标准作出了建议，其中建议洗钱罪上游犯罪的范围应至少包括 20 多种犯罪，除了我们国家刑法已经规定的 4 种犯罪外，还应包括人口犯罪、腐败犯罪、证券犯罪，以及一些传统犯罪比如诈骗犯罪等。要取得司法协助，就应当在最大程度上认同这个标准。

（二）洗钱罪主体未能包括原生本犯

1. 洗钱罪主体的范围

我国《刑法》将洗钱罪的主体明确规定为自然人和单位，前者是指具有刑事责任能力的自然人，后者是指《刑法》第 30 条规定的"企业、公司、事业单位、机关和团体"。

《刑法》第 17 条第 2 款规定："已满 14 周岁不满 16 周岁的人，犯故意伤害导致人重伤或死亡、故意杀人、抢劫、放火、强奸、贩卖毒品、投放危险物质、引发爆炸罪的，应当负有刑事责任。"这一规定并不包含洗钱罪，因此已满 14 周岁且不满 16 周岁的人不能作为本罪的主体。

从逻辑上说，所有的单位均可成为洗钱罪的主体，并且，法律也并未将本罪主体限定为特殊主体。然而，从实际情况看，本罪主体一般为保险、银行等金融中介机构。当然，非金融中介机构也可独立成为本罪的实行犯，例如，将本单位的账户提供给黑社会性质的组织犯罪、毒品犯罪、恐怖活动犯罪和走私犯罪的行为人，为其提供洗钱便利的。

在洗钱罪的主体是否可以是上游犯罪的行为人也就是原生本犯的问题上，我国法律既没有明文规定，又没有司法解释，理论界对于这种情况存在很大争议。普遍认为上游犯罪的原生本犯不能作为洗钱罪的主体。第一，《刑法》洗钱罪主观面规定的"明知"，明显是针对他人而言的。只有他人对于财产是否是恐怖活动、毒品、黑社会性质组织、走私等犯罪的违法所得及其产生的收益存在明知与不明知的问题，然而恐怖活动、毒品、黑社会性质组织、走私等犯罪活动的正犯对自己的财产来源是很清楚的，如果上游犯罪的行为人也能构成洗钱罪的话，那么，法律条文的明知也没有什么意义了。第二，恐怖活动、毒品、黑社会性质组织、走私等犯罪行为的正犯本人通过一定的方法隐瞒、掩饰他本人的犯罪所得及其产生的收益的性质与来源，是其实施上游犯罪后果的延伸，正如同盗窃以后销赃一样。因此，犯罪分子的前一种行为与其洗钱行为存在着吸收的联系，对此只能按其进行的前种犯罪行为定罪处罚，但不能定洗钱罪。从对《刑法》第191条关于洗钱罪的理解与认识的角度来看，洗钱罪的主体不应当包括原生犯罪本犯。

2. 主体范围的立法缺陷

从司法实效和刑法功能的角度看，现行《刑法》将洗钱罪主体范围限定为原生犯罪以外的人的规定并不妥当，立法者未能将原生犯罪的本犯纳入洗钱罪的主体范围，极大地影响了对洗钱犯罪进行有效的惩治。

有的学者认为将原生本犯实行的洗钱犯罪认为是前一种行为的必然延伸，是事后不可罚行为。英美法系的刑法学理论和实践中，原来的"收受赃物罪"也是一直由原生犯罪以外的他犯才可以构成的。1692年英国的一项法律规定，明知应是赃物而接收或购买者是盗窃罪的事后从犯。而这一规定也有问题，因作为事后从犯，如盗窃主犯尚未抓获或死亡或者被错误地宣告无罪，那么收赃者也就不能被处罚。英国法律1827年将收受赃物行为升格为一个独立的犯罪，它的定罪不再受原生本罪也就是盗窃罪是否定罪的影响。即在一定条件下，原生犯罪的本犯能构成赃物罪的主体。直到英美等国反洗钱的先驱将洗钱行为刑事化，用现代洗钱罪取代传统的赃物犯罪，才对洗钱罪的构成范围大大扩充，其中，在犯罪主体范围上即包含原生犯罪的他犯和本犯。另外，英美法系刑法理论和实践一直主张"结果或行为符合几项法律规定的便应构成犯罪"。当原生犯罪本犯在实施前一犯罪也就是原生犯罪行为之后，出于另外的犯意进而转移、转让或处置赃物的行为触犯了洗钱罪时，才能对前后两个犯罪实行数罪并罚。可见，将原生本犯实行的洗钱犯罪认定是前一行为的必然延续，为是事后不可以处罚行为的观点并不可取。

原生犯罪本犯是否能够构成洗钱罪的主体，从国际刑法规范来看，《欧洲反洗钱公约》作出了明确规定，但具体实施要由各成员国单独决定；而《美洲反洗钱示范法》则直接要求同一主体所实施的洗钱犯罪和原生犯罪分别进行处罚。从国外的刑事立法规定来看，大陆法系国家一般不认为洗钱罪的主体包括原生犯罪的本犯，典型的国家是法国、德国、荷兰、俄罗斯、意大利和中国等。而英美法系国家一般在立法上将原生犯罪本犯也纳入洗钱罪的主体范围，如英国、美国、加拿大、中国香港等。而大陆法系的日本和中国台湾、中国香港、中国澳门地区则明确规定洗钱罪的主体可以是原生犯罪的本犯。由此可见，许多的国家已经将原生犯罪的本犯纳入洗钱罪的主体范围。

（三）洗钱罪客体归属偏差

1. 客体的含义

对洗钱罪所侵害的客体普遍认为是复杂客体，它妨害司法机关的正常活动，侵犯金融管理秩序。洗钱罪在刑法体系当中归属于金融管理秩序罪。但由于在实践中洗钱犯罪的手段的多样化，许多洗钱活动并不是非要通过金融机构来完成，这样便导致洗钱罪在刑法体系中的定位处在尴尬的位置，也造成了对洗钱罪所侵害的客体怎样表述的众多说法。概括出来，大致有以下几种观点：

其一，认为洗钱罪的客体具有可变性和多重性。

如果洗钱行为是通过银行或者其他金融机关进行的，则破坏了国家对金融机构的监管制度。如果洗钱行为是通过国家金融活动以外的方式进行的，则未必构成对国家金融管理制度的破坏，所以在大多情况下，洗钱罪的客体是国家对金融活动的管理制度。此外，根据违法所得及其收益的来源，洗钱犯罪还侵犯了社会治安秩序（黑社会性质的组织犯罪、毒品犯罪）或国家对外贸易管制。

其二，认为洗钱罪的客体为简单客体，也就是只侵犯了司法机关的正常活动。

其三，认为洗钱罪的客体为复杂客体。

　　学术界大多认为洗钱罪侵犯的客体是复杂客体，但是这种复杂客体应该是双重客体还是多重客体，是必然客体还是选择客体，则意见不一。在双重客体当中，究竟以何者作为主要客体，也有争议。有观点认为洗钱罪侵犯了公共治安秩序与司法机关的活动以及经济金融秩序；有观点认为洗钱罪破坏社会管理秩序与国家的金融管理秩序；有观点认为洗钱罪主要破坏了国家对于金融活动管理的正常秩序，与此同时，还妨碍正常的司法活动且侵犯了社会管理秩序；还有观点认为洗钱罪破坏了经济管理秩序与司法机关的正常活动。

　　有的学者还引入了法益的概念，认为洗钱罪侵害的法益主要是国家金融管理秩序，所以刑法将本罪规定在"破坏金融管理秩序罪"中。同时，洗钱行为也是对"源头犯罪"实施者所获赃物的转移、窝藏行为，为司法机关工作设置了障碍，影响了司法机关对上游赃款的追缴和犯罪的追查，所以司法机关也是本罪的保护法益之一。

　　2. 客体立法上的缺陷

　　目前我国将洗钱罪归于"金融管理秩序罪"当中，但是司法实践与刑法理论一致认为，行为人未通过金融机构的洗钱行为同样也构成本罪，即并不是所有的洗钱犯罪都侵犯了金融管理秩序，这显然同本罪在刑法分则中的体系定位不相符，并且同传统的犯罪构成理论相悖。因此造成理论界对洗钱罪的客体的叙述的多样性。下面笔者就上面的各种学说进行分析。

　　首先，认为洗钱罪的客体具有可变性和多重性的观点违反了犯罪构成的基本原理。根据传统刑法关于犯罪构成的一般理论，作为一个具体犯罪构成要件的客体必须是具体的和确定的，只有这样立法者才能保证对该种犯罪的准确认定，才能将其归入某一类犯罪。将具体犯罪的客体视为随意客体，从而也就不能发挥犯罪构成理论指导司法实践的作用，必将在司法实践过程中造成混乱。

　　其次，认为洗钱罪侵害了公共治安秩序或社会管理秩序也是不恰当的。洗钱罪并没有直接对公共秩序或社会管理秩序导致破坏，只是由于本罪的某些原生犯罪，比如黑社会性质的组织犯罪与毒品犯罪才对社会管理秩序或公共秩序造成破坏。因此，认为洗钱罪也侵害了治安秩序或社会管理秩序的观点，事实上是把洗钱罪的客体与原生犯罪的客体混在一起，并不足取。认为洗钱罪侵害了经济管理秩序，事实上是混淆了金融管理秩序与经济管理秩序的关系。通过金融机构实施洗钱活动侵犯了金融管理秩序，而不经过金融机构的洗钱便侵害了正常经济管理秩序。金融管理秩序事实上是经济管理秩序之一。

最后，以金融管理秩序作为洗钱罪的主要客体不够周全。无论单纯的金融管理秩序是洗钱罪所侵害的客体，抑或主要客体是金融管理秩序，这些都忽视了洗钱行为完全可以通过非金融机构去实施而与金融管理秩序无关。有人认为，此种情况应当归入洗钱罪中"以其他方法隐瞒、掩饰犯罪的违法所得及其收益的来源和性质"的行为，这显然与洗钱罪在我国《刑法》中归属于破坏金融管理秩序罪的体系定位相矛盾。不违反金融法规的犯罪是不能称为金融犯罪的，所以按照目前刑法分则对洗钱罪的体系定位，只能将洗钱罪中的"以其他方法隐瞒、掩饰犯罪的违法所得及其收益的来源和性质"的行为，同样限定在其他与金融犯罪相关的行为上，这显然不能为刑法学界所赞同。在现实生活中，洗钱者利用金融机构进行洗钱虽然是最主要的形式，但随着国际国内金融机构对洗钱的监控越来越严格，势必迫使洗钱活动更多地利用金融以外的方式来完成，例如利用空壳公司、餐馆等现金密集型行业进行洗钱犯罪。

因此笔者认为，洗钱罪不但侵害了经济管理秩序，而且侵害了司法机关的正常活动，而主要是侵害司法机关的正常活动。也就是说，洗钱罪主要侵害的客体为司法机关的正常活动，而后才是现今在大多数情况之下侵犯了的金融管理秩序。因此，现行刑法将洗钱罪归于破坏金融管理秩序罪不是很妥当。

（四）洗钱罪主观要件规定过于严格

我国《刑法》第191条规定，洗钱罪的罪过形式必须是故意，即行为人明知是黑社会性质的组织犯罪、毒品犯罪、恐怖活动犯罪、走私犯罪的违法所得及其产生的收益，而故意隐瞒、掩饰其来源和性质，进行洗钱活动。根据该条规定，洗钱罪的主观要件以故意为必要，行为人实施洗钱行为时主观上是故意的，即明确认识到自己行为的违法性质，预见到自己行为可能会引起隐瞒、掩饰黑钱的性质和来源这一结果的发生而为之。

对明知如何把握以及"明知"的判断标准与程度如何界定，此规定没有作出相应的解释，这样就给执法人员在实际办案中添增了难度。笔者认为，这条规定对洗钱罪主观构成要素的设置标准过高，以致认定洗钱罪的证据标准大为提高，在实践中难以进行操作。具体的犯罪性质是各有不同的，而要使行为人明知在某一银行账户内存进去的资金或者其所经手的或投资到某一商业活动中的资金来源为某项特定的犯罪所得是很困难的。尤其是对那些庞大的犯罪集团的洗钱犯罪网络来说，要搞清其具体资金的非法来源与性质更是难上加难。特别是大多犯罪事实是产生在一对一的过程中，客观上很困难甚至不可能找到证据去证明行为人的明知，以致许多涉嫌洗钱的违法行为得不到应有的惩处，这也是目前我国有关洗钱罪的司法判例缺乏的主要因素。加拿大、美国、英国等国家有关洗钱罪的规定只是限制洗钱罪上游犯罪的范围，至于行为人主观上是不是明知为涉案财物一般未做明确要求。

（五）洗钱罪客观方面的行为方式范围过于狭窄

1. 客观要件的内容

洗钱罪在客观方面表现为实施了法律所禁止的"隐瞒、掩饰犯罪收益"，使其成为"合法"收入的行为。根据《刑法》第191条的规定，洗钱罪客观方面包括三个方面的内容：（1）必须是实施了以提供资金账户、协助将财产转换为现金或者金融票据、通过转账或者其他结算方式协助资金转移、协助将资金汇往境外等各种方法，掩饰、隐瞒特定的犯罪收益的行为；（2）必须具有掩饰和隐瞒特定犯罪收益的性质和来源的行为；（3）掩饰和隐瞒的对象必须是四种特定的上游犯罪的违法所得及其产生的收益。

2. 客观方面存在的立法缺陷

（1）我国刑法中洗钱罪规定的"隐瞒"和"掩饰"行为涉及的范围存在过窄性

我国刑法有关洗钱罪规定中的"隐瞒"与"掩饰"明显比《联合国禁毒公约》的相同语句的内涵与外延窄。在我国刑法当中的"隐瞒"和"掩饰"，只是限指隐瞒、掩饰违法所得及其收益的来源与性质这两种情形，而在《联合国禁毒公约》当中，"隐瞒"、"掩饰"还包括毒赃的"转移"、"相关的权利"、"所在地"、"处置"以及"所有权"等其他情形。

（2）客观方面的行为方式范围过于狭窄

我国《刑法》关于洗钱罪的客观构成规范未能涵盖《联合国禁毒公约》中有关清洗毒赃罪的客观构成规范。《联合国禁毒公约》规定清洗毒赃的基本犯罪构成中应当包括七种行为形式，即"隐瞒、掩饰、转换、转让、获取、持有、使用"毒赃行为。此外，《联合国禁毒公约》还规定了清洗毒赃的修正犯罪构成所包含的八种行为形式，即"参与、合伙、共谋、进行未遂以及帮助、教唆、便利和参谋"进行毒品犯罪的行为。而我国《刑法》第191条中洗钱罪的客观要件仅仅设置为隐瞒、掩饰、转换和转移四种方式。

对于另外四种行为方式，要按照其他犯罪处理，如对于部分获取毒赃的行为，可以按照《刑法》第 349 条窝藏毒赃罪论处；在刑事立法上未规定为犯罪的情形下，如对持有或者使用毒赃的行为，不能予以定罪。《联合国禁毒公约》第 3 条第 1 款规定："各缔约国应采取可能必要的措施将清洗毒赃罪确定为国内法中的刑事犯罪。"从其表述来看，各缔约国将该公约所规定的清洗毒赃罪确立为国内法中的刑事犯罪是强制性义务规范。因此，如果我国刑法上的洗钱罪以及其他相关犯罪不能涵盖《联合国禁毒公约》中的清洗毒赃犯罪，就是没有完全履行该公约规定的国际义务。

（3）在我国刑法中洗钱罪中规定的"转换"和"转移"范围过窄

《联合国禁毒公约》当中清洗毒赃罪的基本犯罪所构成的行为方式中包含了"转换"和"转让"两种方式。我国《刑法》中洗钱罪的客观构成行为方式，明确了"转换"与"转移"两种方式。我国《刑法》相关条文当中的"转换"和"转移"显然要比《联合国禁毒公约》中的"转换"和"转移"的内涵与外延窄。《联合国禁毒公约》中的"转换"与"转让"包括了毒赃财产所有形式的转换和转让，而且这里的"转让"也包含"转移"的意思。而在我国《刑法》中的"转换"只是指"将财产转换为现金或金融票据"这种具体的行为方式。如反过来，将现金或金融票据转换成其他形式的财产的，就不属于洗钱罪上述客观构成要素的"转换"，只能将其归入"以其他方法掩饰与隐瞒犯罪的违法所得及它产生的收益的性质与来源"这一模糊不清的客观构成行为方式之中。

第三节　完善我国反网络洗钱法制

一　洗钱罪的立法完善与补足

洗钱罪立法完善与补足应遵循的原则

1. 吸收与借鉴，取长补短的原则

我国在完善反洗钱刑事立法的过程中，应当吸收与借鉴其他国家的先进立法经验，取长补短。近十多年以来，国际刑法发展最快的当属反洗钱犯罪的刑事立法。在《联合国禁毒公约》制定颁布之后，国际社会又相继制定了《欧洲反洗钱公约》、《美洲反洗钱示范法》、《欧盟反洗钱指令》与《联合国禁毒署反洗钱示范法》等一系列的反洗钱刑事立法文件。与此同时，各地区、各国也根据各自的情况，制定了自己国家或地区内的反洗钱刑事立法文件。这些法律文件都在不同的制度、领域和不同的角度上发展了反洗钱犯罪的刑事立法。其中，不乏科学的、先进的、成熟的经验。例如，在洗钱犯罪的对象方面，《欧盟反洗钱指令》确立了"特定犯罪或所有犯罪的非法收益均可构成洗钱对象"的原则；在洗钱犯罪的主体方面，《欧洲反洗钱公约》确立了"原生犯罪主体也可构成洗钱罪"的原则；在洗钱犯罪的主观罪过形式方面，《美洲反洗钱示范法》发展了"过失洗钱"的罪过形式。这些先进的立法经验极大地推进了国际社会反洗钱犯罪立法的发展。我们在制定《反洗钱法》的同时，就应对这些先进立法经验加以借鉴和研究。

2. 讲求有关立法技术的原则

从我国刑法立法的历史经验上来看，立法技术的核心也就是立法的语言技术。讲求立法语言上的技术，首先要把握好明确语言和模糊语言的相互关系。按罪刑法定的原则要求，在刑法规范中应当力求语言的明确性，避免语言的模糊性。但任何事物都有其一定的限度与范围，如果超出了一定的限度与范围，那么，此事物就有可能出现反面的效果。如在立法中过度追求语言的明确性，完全排除语言的模糊性，就有可能使刑法法条的语言缺乏应该有的弹性，无法适用于现实生活中复杂变化和层出不穷的犯罪现象。所以，在刑事立法当中要保持必要的以及一定的模糊性语言，以使刑事法条有足够的张力，通过恰当的司法解释能将具有某种特殊性质的犯罪行为放在法条语言的范围以内。所以，正确地使用模糊性的立法语言，不是对罪刑法定原则的背叛，而应是对罪刑法定原则的维护。笔者认为，在修订洗钱罪时，应当去除原来范围过于狭窄的明确性语言，加入一些张力较大、适用范围更广的模糊性语言。

3. 全面履行国际法义务的原则

全面履行国际法义务是指在修订我国《刑法》中有关反洗钱规范时，应当根据我国的立法与实际情况，以本国的具体方式将有关国际法中的强制性义务规范，全面反映在我国刑法之中。其做法如下：

首先，在实体上把国际法中有关洗钱犯罪的处罚规范转化为我国国内刑事立法上的相关规范。相关的国际刑法中均要求各个缔约国要在国内法上将某些特定的犯罪确定为刑事犯罪，并且因此规定了特指犯罪的构成要件。使国内刑事法律上的犯罪规范能够包含有关国际刑法中的犯罪规范。并且，有关的国际刑法中都要求各缔约国在国内法上对特定的犯罪明确相应的刑事制裁，并由此而规定了某些可供选择的制裁方法。在国内刑法上就应该将国际刑法规定的刑事制裁与制裁方法在国内法中予以反映，并使国内刑法上的制裁规范涵盖有关国际刑法当中的制裁规范。

其次，在程序上应当将国际刑法中有关洗钱犯罪的查处程序与规则转化为国内刑事法上的相关规范。在有关的国际刑法中，不仅规定了国际犯罪的实体法规范，通常还规定了查处国际犯罪的程序法规范。这些程序法规范与实体法规范是不可分割的。因此，在将国际刑法中的实体法规范转化为国内刑法规范的同时，也必然要将国际刑法中的程序法规范相应地转化为国内刑事诉讼法规范。否则，不仅将违反缔约国应当履行的国际法义务，还将因为国内刑法的罪刑规范由于没有相应的程序法保障而无法得到切实的实施与适用。

二　继续完善国家反洗钱的立法体系

（一）细化金融机构有关违法责任追究

金融机构的相关反洗钱措施在一定程度上有可能"损害"了金融机构本身的利益，为了保证这些措施得以贯彻执行，应以刑法为后盾，规定任何违反相关现金交易申报规定，不报、假报信息或者故意规避申报的行为构成妨碍并且危害交易申报规定罪；以假名开设账户构成犯罪等。

（二）增加相关洗钱罪名

我国《刑法》目前只规定了七种洗钱罪的上游犯罪，不利于通过反洗钱实现遏止多种严重犯罪的目的，也使许多洗钱活动逃避了法律追究，因此，要根据《四十条建议》规定，结合反洗钱工作的新形势、新目标，增加相关的洗钱罪名。

（三）使《反恐怖法》的立法进程得以加快

当前在中国，"反恐融资"也已经成为反洗钱工作的重点任务之一。因此，应该进一步加快《反恐怖法》草案的立法进程，防止监控资助恐怖主义的活动，完备反控融资等相关内容。

（四）对洗钱罪立法缺陷的补足

针对洗钱罪的刑事立法缺陷，笔者从洗钱罪的犯罪构成的角度及犯罪对象出发，提出关于洗钱罪的犯罪构成的立法补充建议：

1. 将洗钱罪上游犯罪的范围扩大

笔者认为应将洗钱罪上游犯罪的范围从恐怖活动罪、黑社会性质的组织罪、走私犯罪以及毒品犯罪扩大到所有能产生经济收益的犯罪。

　　针对要将洗钱犯罪的对象扩大到什么程度，不同的学者持不同的观点。有的学者认为，在现有四种犯罪的基础上增加贿赂、贪污犯罪，其理由是将贿赂、贪污犯罪所得纳入洗钱的对象有利于加强反腐败的力度。有的学者认为，在现有四种犯罪的基础，增加其他严重犯罪。还有学者认为，将上游犯罪规定为"一切涉及到收益及财产获得的犯罪"。

　　在现有这四种特定犯罪的基础上，仅添加贿赂与贪污作为洗钱的对象的话，虽然对于打击群众反响强烈的贿赂和贪污犯罪能起到一定的震慑作用，但许多能够产生较大经济收益的犯罪，比如金融诈骗犯罪、贷款诈骗、票据诈骗、非法集资、非法经营等经济犯罪和组织偷越国（边）境等妨碍社会管理秩序罪、虚开增值税专用发票等洗钱活动却不能得到打击，用上述的方式修订洗钱罪有顾此失彼之嫌。对认为应在现有四种特定犯罪的基础上再增加其他严重犯罪的观点，笔者对此也有不同意见，因为这样某些量刑较轻又可产生较大经济收益的犯罪会被排除在外，如非法吸收公众存款罪与非法经营罪等，而这些犯罪在我国现阶段却很突出。再者严重犯罪的概念太模糊。严重的标准是什么呢？什么程度才能算是严重呢？是要按照量刑的轻重，还是应按照洗钱的数量来确定呢？

　　笔者认为应当将洗钱罪上游犯罪的范围从黑社会性质的组织罪、毒品犯罪、走私犯罪以及恐怖活动犯罪扩大到所有能够产生经济收益的犯罪。理由是：

　　（1）洗钱罪对象扩大至所有产生经济收益的犯罪能增强国际反洗钱司法合作的要求，符合国际反洗钱发展趋势

　　《联合国打击跨国有组织犯罪公约》第 6 条中要求各缔约国将故意实行下列行为规定为洗钱犯罪：一是，明知财产是犯罪所得，为掩饰或隐瞒该财产的非法来源，或为协助任一参与实施上游犯罪者逃避其行为的法律后果而转让或者转换财产。二是，明知财产是犯罪所得而掩饰或隐瞒该财产的实际所在地、来源、性质、处置、转移所有权或者有关的权利。《联合国反腐败公约》第 23 条中也明确要求将下面的行为规定为犯罪：一是，明知是犯罪所得，为掩饰或者隐瞒此财产的非法来源，或者为协助任一参与实施上游犯罪者逃避其行为的法律后果而转移此财产；二是，明知财产是犯罪所得而掩饰或隐瞒该财产的实际来源、性质、所在地，处分、转移所有权或有关的权利。我国政府分别在 2000 年 12 月 25 日以及 2003 年 12 月 10 日签署了上面的两个国际公约。上述两个国际公约都对洗钱罪的对象范围扩大至所有产生

经济效益的犯罪。所以，把洗钱罪扩大到一切产生经济收益的犯罪是符合世界反洗钱发展趋势的，也是切实履行国际义务所必要的。

同时，扩大洗钱对象范围也是国际反洗钱刑事司法合作的要求。近年来，国际金融特别工作组建议我国加入该工作组，希望我国同其他国家一道联合打击跨国洗钱犯罪。加入该工作组的前提条件是，我国必须实施该工作组制定的反洗钱"四十九条建议"。该建议的主要内容是建立可疑交易报告制度、扩大洗钱罪上游犯罪的范围、加强反洗钱的国际合作和引渡犯罪嫌疑人。如果我国不扩大洗钱罪的对象范围，当一些犯罪分子将在我国犯罪所得的收益转移到外国清洗时，因为我国没有将该犯罪规定作为洗钱罪上游犯罪，自然无权要求该外国对洗钱行为行使刑事管辖权并引渡犯罪分子；相反，国外的一些犯罪分子将犯罪所得的收益转移到我国洗钱，由于我国没有把该犯罪收益作为洗钱的对象，自然也无法满足他国请求司法协作的要求。这不仅不利于打击跨国洗钱活动和国际反洗钱合作，也有损我国的国际形象。

（2）将洗钱罪上游犯罪的范围扩大，是我国同洗钱行为作斗争的必然要求

作为洗钱犯罪的"对象性犯罪"，上游犯罪与洗钱有着密不可分的关系。正如有关学者指出："从预防犯罪的角度上看，犯罪分子进行经济犯罪的考虑之一就是他能预见到可以使用其非法所得；如犯罪行为人认识到使用或者清洗黑钱困难重重，银行或者有关当局会格外注意，那么他产生犯罪的原动力就会少得多。"可见，扩大洗钱罪上游犯罪的范围，是可以打击这些上游犯罪的。从我国将毒品犯罪所得收益作为洗钱对象以来，由于形势的变化，我们国家洗钱的对象范围呈现出较快的扩张趋势，已经将包括毒品犯罪以内的四种犯罪所得作为洗钱罪的对象。但是，仅将毒品犯罪等四种犯罪规定作为洗钱犯罪的对象，将使一些贪污、贿赂等职务犯罪与贷款诈骗、虚开增值税专用发票、票据诈骗、非法吸收公众存款等犯罪案件的洗钱活动得不到打击，洗钱犯罪对象再次扩大是必然的趋势。

同时，根据我国《刑法》规定，洗钱者必须明知其清洗的对象是特定犯罪所得及其产生的收益才能定罪，也就是说司法人员必须提供证据证明洗钱者对其清洗的特定犯罪的收益主观上是明知的。然而，随着社会的发展，洗钱者正从传统的洗钱方法向专业化和技术现代化转变。在一些犯罪集团内部，洗钱成为犯罪企业中具有专门分工的一个重要部门，成为有组织犯罪活

动的一个重要领域。在有些国家，还形成了特殊的洗钱行业，洗钱从分散的、无组织的、简单的隐瞒或掩饰犯罪收益的活动演变成具有专门的、有组织的、复杂的分工来隐瞒或掩饰犯罪收益并使之披上合法外衣的运转体制。另外，毒品犯罪等特定的四种犯罪和诈骗犯罪、腐败犯罪收益的洗钱往往交织在一起。在这种情况下，要弄清其具体财产的非法性质和来源是难上加难。因此，将洗钱罪对象扩大到一切能够产生收益的犯罪，可以降低司法机关的举证门槛。司法机关只要有证据证明洗钱者明知是犯罪的收益还进行清洗，并且达到一定的追诉标准，就足以定罪，这是符合反洗钱斗争的实际需要的。

（3）将"所有产生经济收益的犯罪"当做洗钱罪的对象，将使法律规范更合理和更科学，有助于维护刑法的稳定性

从国外反洗钱的发展趋势来看，快速扩容洗钱罪的上游犯罪也成必然，如果不将洗钱罪的上游犯罪作概括的规定的话，不断地动用"刑法修正案"的方式来扩容，不利于维护刑法的稳定性和严肃性。

笔者建议在表述方面除了列举《刑法》中洗钱罪上游犯罪的那四种特定犯罪外，还可增加日益猖獗、对社会秩序与金融秩序造成较大破坏的金融诈骗罪以及群众反响较大的贪污贿赂罪。但对于其他产生经济收益的犯罪，笔者认为应当从追诉标准上予以限制。情节较轻，应当处以拘役、管制的犯罪，则无必要以洗钱罪论处。因此笔者建议对洗钱罪的上游犯罪可以表述为："恐怖活动犯罪、黑社会性质的组织犯罪、毒品犯罪、金融诈骗犯罪、走私犯罪、贪污贿赂犯罪或者法定最低刑在六个月有期徒刑以上的其他犯罪。"

2. 将原生本犯纳入洗钱罪主体

自1997年《刑法》修订实施以来，仅2005年4月在广东省仅有一人以洗钱罪定罪处罚，这显然与日益严重的洗钱犯罪形成鲜明的对比，这在某种程度上与我国刑事立法将原生犯罪本犯排除在洗钱犯罪之外有一定的关系。笔者认为，将原生本犯纳入洗钱罪的主体是十分必要的，是刑事司法和刑事立法与时俱进的要求。

在大陆法系的刑法理论当中，传统观点认为对原生犯罪的本犯所实行的处置与窝藏赃物的行为，归属于事后不可罚行为，应被包含在原生犯罪的行为当中予以统一评价，而没有独立评价的意义。这样的思想理论被直接适用到法律对于洗钱犯罪构成的规定当中，由此，现代洗钱罪的主体和传统赃物

犯罪的主体一样，仅限于原生犯罪本犯外的他犯。"事后不可罚行为"是指由于犯罪完成后，在原法益的范围内又实施的一个对主行为创造成的不法状态加以保持或者利用、未侵害新法益的行为。不可罚的事后行为不受到处罚。如盗窃犯人在搬运、有偿处分、保管被盗物品的，不构成相关赃物的犯罪。但不可罚的事后行为也有界限问题，其判断标准应当依据该行为是否被事前的状态范围所包含，是否侵害了新的法益来进行决定。如果该行为侵害新的法益是以前的犯罪构成要件所不能评价的行为，就不属于不可罚的事后行为，应具有可罚性。在洗钱罪中，从被侵害的法益情况来看，不仅是妨碍了司法机关的正常活动，而且侵害了经济管理秩序，这已经不能够为原生犯罪的构成要件所评价。原生犯罪的构成要件不能够包容洗钱犯罪的构成要素，所以说原生犯罪的本犯做出的洗钱行为就不能够被前一行为所吸收。因此，原生犯罪本犯应该成为洗钱罪主体。不过原生犯罪的本犯在未做出洗钱犯罪前的持有、获取以及使用其非法所得的行为不能够成为洗钱罪，在性质上归属于原生犯罪的事后不可罚行为，没有刑事可罚性。

将洗钱罪从赃物犯罪中独立出来，早已是国际社会的共识。并且洗钱罪较之赃物犯罪从危害的客体到具体的行为方式都有根本的差别，两者尤其在危害性上是不可同日而语的。因而，以传统的对赃物犯罪原生本犯的认识来限制洗钱罪的主体是值得商榷的；再从控制洗钱犯罪的实际角度而言，将原生犯罪的本犯排除洗钱罪犯罪主体之外就有轻纵犯罪分子的嫌疑了。且将洗钱罪原生犯罪的本犯纳入洗钱罪的主体，将使洗钱犯罪与转移、窝藏、收购、销售赃物罪在主体、对象、行为等方面有明显的区别，便于司法操作。

3. 洗钱罪归属为"妨害司法罪"

笔者认为现行《刑法》把洗钱罪归属于"破坏金融管理秩序罪"是不很妥当的，建议将其归入到"妨害司法罪"。其原因如下。

首先，洗钱罪与妨害司法罪的本质特征相符。洗钱罪虽然是以实施原生犯罪为前提条件，但这只是洗钱产生的基础，该行为成为犯罪行为的真正原因在于其妨害司法。洗钱罪本质上的属性是隐瞒和掩饰特定犯罪所得的来源与性质，使其成为合法收入，造成司法机关追缴犯罪、指控犯罪所得构成了障碍，以逃避法律处罚，进而严重妨碍了司法机关的正常活动。从打击犯罪的角度看，对于上游犯罪的侦破往往是可以从犯罪行为锁链的最后一环也就是非法钱财的使用上开始，追究洗钱犯罪的手段往往与收集书面证据有关，因此可以从追查洗钱犯罪入手，进一步调查和处理上游犯罪行为人。洗钱与犯罪追诉密切相关，它完全符合妨害司法罪的特征。

其次，外国刑事立法大多也不将洗钱罪归属于金融犯罪。尽管世界各国根据现实情况和历史文化传统，对洗钱犯罪的分类归属和在刑法分则中的体系定位作出了各具特色的规定，但多数国家并未将洗钱罪视为金融犯罪。目前大致可以分为四类：（1）将洗钱罪归属于财产犯罪，采用此类归属的国家有意大利等；（2）将洗钱罪归属于经济犯罪，采用此类归属的国家有中国、俄罗斯等；（3）将洗钱罪归属于毒品犯罪或其他特定犯罪，采用此类归属的国家有法国等；（4）将洗钱罪归属于事后处置赃物罪，采用此类归属的国家有荷兰、加拿大、德国等。表面上我国与俄罗斯虽然均将洗钱罪归入经济犯罪，但经详细考察就会发现，俄罗斯刑法是将洗钱罪归属于经济活动中的赃物罪中。我国的刑事立法不能不考虑世界各国对洗钱罪的立法现状，在《刑法》修订时，应对洗钱罪在刑法分则体系中的位置作出适当地调整。

4. 将洗钱罪主观方面表述为"明知或者应当知道"

关于"明知"的含义，学界有以下几种学说：

确定说。该说认为行为人明确知道上述四种特定犯罪的违法所得及其产生的收益，在法律含义上，只能表现为行为人的确定性认识，而不能是不确定认识。

（1）可能说。该说强调不要求确知，即不要求确实地、确切地知道是犯罪所得及其收益，只要有这种可能性就足以成为本罪的"明知"。

（2）知道和应当知道说。该说认为所谓"明知"是指知道或者应当知道他人从事黑社会性质的组织犯罪、毒品犯罪、恐怖活动犯罪、走私犯罪的违法所得及其产生的收益而予以洗钱，并进一步指出知道是明白、确切知道之意，"应当知道"则指有充足的理由和根据怀疑是犯罪所得。

（3）充足理由怀疑说。该法认为所谓"明知"，也就是"只要有充足理由怀疑就可构成"。

笔者认为洗钱罪主观要件应该表述为"明知或应当知道"。这里的"明知"包含两种情况：一是明确知道别人的财产可能是犯罪的违法所得和其产生的收益。如行为人听见大家都在议论某人的财产是经过特定犯罪所获得，但自己从来没有亲自看见过该人实施该种犯罪，该人也没有告知其财产是通过该种犯罪所得，这种情况之下，仍然通过一定的方法使其财产表面合法化。二是行为人确切地知晓他人的财产就是犯罪违法所得和其产生的收益，如犯罪分子本人已经告知行为人，或者行为人亲眼看到犯罪人所获得赃款赃物的过程等。"应当知道"指的是根据行为人具有的知识、智力水平以及生活经验和常识完全可以判断出别人的财产可能是犯罪的非法所得及其产生的收益。比如一表商以市值 1/10 的价格买了一批崭新的名牌手表，从其经商的经验，完全可以判断出这批手表是违法所得，但仍然利用非法手段使之合法化，此表商主观上构成"应当知道"。

　　行为人在从事现金交易、金融活动中不知道是特定的犯罪所得及其收益，但是事后知道了而未予以检举、报告，致使发生了洗钱的结果，对此种行为如何判断，是否构成明知。这里的故意有一个时间差的问题，笔者认为有一个"事后行为的故意"的问题。所谓"事后行为的故意"，是指行为人在实施了足以发生一定结果的行为后才产生犯意，并放任危害结果发生的一种犯罪心理。对于事后行为的故意，有的国家法律明确规定有关当事人有举报黑钱的义务，如果不举报，至少要负行政责任。外国刑法界有学者认为，与通常的故意相同，结果发生的场合无疑成立故意。在我国刑法界有学者认为，这种情况并非事后行为的故意，而应当是不作为犯罪，犯罪故意不可能具有溯及力，事后行为的故意不应当成为洗钱罪的主观构成要件。在笔者看来，这不但涉及一个"事后行为的故意"的问题，而且还涉及一个不作为的问题。我国新刑法典没有规定不举报的不作为构成犯罪，而且，就"事后行为的故意"而言，其认识因素并非是对将要发生的未来事实的预见和对已经发生的现有事实的认识，其溯及力也不可能溯及事前行为，因此仅仅有"事后行为的故意"的情况不构成明知，还不足以成立本罪。在后文笔者将就此问题提出增设不披露交易信息罪。

　　5. 增加洗钱罪的实行行为方式

　　洗钱罪一般是行为犯。在理论上，"行为犯是从法定行为的实施当做犯罪构成条件的犯罪，不需行为结果的出现即能够认定为既遂"。我国《刑法》现在的洗钱罪实行行为方式仅仅涵盖了洗钱行为的前两个阶段，也就是转换、掩饰、隐瞒、转移，而对于第三个阶段却属空白，并没有将持有、获取、转让和非法使用非法收益规定成为洗钱犯罪。有学者认为我国《刑法》规定的"从其他方式隐瞒、掩饰犯罪所得和其产生的收益的来源与性质"，已经包含了"再投资"也就是非法收益的使用。笔者对此有不同看法，因为使用非法收益时，在多种情况下其对象已经经过培植与放置两个阶段，其非法收益已清洗，并不需要进行隐瞒、掩饰。而我国《刑法》规定的"洗钱"的重要的行为特征之一，就是"为隐瞒、掩饰非法收益来源与性质"，即洗钱罪目的就是为了掩饰非法收益的来源与性质。这样就使得一些洗钱行为不能得到惩罚，如行为人明知走私犯罪分子赠给的资金为赃款而予以接受。另外，行为人为了挽救其濒临倒闭的公司，进而接受走私犯罪分子以赃款对公司投资的行为。上述两种行为都不是为了隐瞒、掩饰走私犯罪的收益，但是客观上造成了清洗赃款的后果，依照现行《刑法》的规定，以上两种行为不宜认定为洗钱犯罪。

在这里，笔者认为，比较妥当的办法是在现有的洗钱罪行为方式之外再参考国外的立法经验，增加"获取、转让、占有和使用"四种行为方式，从而使我国刑法中的洗钱罪的行为方式涵盖到洗钱活动发展的全部三个阶段行为，以弥补现行《刑法》的漏洞。除此以外，《刑法》中洗钱罪的转换等行为方式涉及的范围过窄，为避免前面提到的由此产生的弊端，建议取消将各种行为方式涉及范围具体化的表述方式，而取而代之的是概括性的表述方式，即"采取转让、转换、获取、转移、占有或者使用等方式"。

另外，洗钱罪的"掩饰"和"隐瞒"行为涉及的范围过于狭窄，只限指违法所得及其收益的性质以及来源这两种情形。《联合国禁毒公约》中，"掩饰"与"隐瞒"犯罪还包含毒赃的"转移"、"处置"、"所在地"、"相关的权利"以及"所有权"等其他情形。但这种列举式的方式，并不可能将所有的可能或者已经出现或即将出现的情形都囊括在内。因此，笔者建议将"掩饰"和"隐瞒"行为涉及的范围叙述为"性质、来源等实际状况的行为"。

6. 其他方面的补充

此外，除关于洗钱罪的犯罪对象及犯罪构成的立法补充建议外，这里还提出其他几点立法补充建议：

（1）增设不披露交易信息罪

鉴于我国《刑法》对洗钱罪的主观方面明确为故意直接犯罪，因而便排除了洗钱犯罪当中过失的行为方式作为犯罪的可能。金融机构是资金流通的主要渠道，因此洗钱行为和金融机构有着密切的联系。但是实践中，一些金融机构及其工作人员因为要取得较好业绩，并不关心经手或者存入该机构的资金的性质，由于金融机构的反洗钱措施在较短时间内有损其自身的利益，因此对即使存在可疑的大额资金的流动也抱以任之听之的态度。为了确保金融机构以及其工作人员认真履行对可疑或者大额资金的申报制度，有必要将金融机构及其工作人员因为重大过失或故意对上述资金不予以申报，造成严重后果的行为规定成犯罪。中国人民银行 2003 年颁布了《金融机构反洗钱规定》，其中第 13、第 10、第 14 条明确指出金融机构不得为客户开设假名账户或者匿名账户，不得为身份不确切的客户提供结算、存款等服务，与此同时金融机构在为客户进行金融服务时，发现可疑交易或者大额交易的，应当向中国人民银行以及外汇管理局报告。这些应是金融机构工作人员应该履行的义务或职责，违反以上所述规范的，应追究其无作为的法律责任。

其他国家如英国也规定了不披露洗钱罪，根据该国 1993 年《刑事司法法》第 18 条规定，不披露洗钱行为罪，是指："（a）行为人明知或者怀疑他人实施恐怖洗钱犯罪或者毒品洗钱犯罪；（b）行为人认识是以基于其职业、贸易、业务、受雇而得到的信息或者其他事项得出的；（c）行为人得出认识之后，没有在尽可能合理短的时间内向警官披露有关事项或者上述信息的。"英国对洗钱罪的对象仅限于恐怖犯罪和毒品犯罪。因此，该罪的对象也是针对恐怖犯罪和毒品犯罪而言的。

根据当前我国的实际情况，笔者建议在刑法中应增加不披露洗钱行为罪，针对主体应是涉及工作的人员和金融机构。

（2）没收制度中增设混合没收措施

作为美国芝加哥大学教授贝克对微观经济分析的领域扩大至非市场行为的人类行为以及它相互作用的广阔领域。贝克根据他对社会犯罪行为的长期观察，认为那些犯罪实际上是一种经济活动，犯罪人员有着自己的"收益"观与"成本"观。犯罪分子之所以进行犯罪，是因为他预期犯罪的成本比收益小，所以犯罪是在权衡各谋利方式的收益与成本以后做出的理性选择。因此贝克提出，对付犯罪行为的最好公共政策就是设法提高犯罪成本，使之认为犯罪不合算。而犯罪成本包含三个方面：第一是犯罪的机会时间成本，即由于实施犯罪而牺牲了一定的时间，即失去了通过从事合法活动进行谋利的机会；第二是犯罪的直接成本，即犯罪的进行过程中产生的耗费；第三是处罚成本，即犯罪案件如被侦破及给予各种处罚进而给犯罪分子造成的经济上的损失。《联合国禁毒公约》所增加的没收措施在相当程度上反映出了上述理论成果，即通过增加没收措施的适用范围而加大有关犯罪分子的预期成本，从而减少他的预期收益，以此来预防与威慑洗钱犯罪的发生。

《联合国禁毒公约》第 5 条第 6 款规定，将间接没收在国内刑法上确立为特别没收措施，应改为强制性的义务规范。"因此各缔约国均应无例外地将间接没收转化为国内刑法上的特别没收措施。"我国在《刑法》第 191 条中规定了对犯罪分子"没收实施以上犯罪的违法所得及其产生的收益"。但这一特别没收规范未能完全履行《联合国禁毒公约》规定的可以没收犯罪间接所得的非法财物的间接没收义务。具体的说，就是包括没收已经转化的或者转换成其他财产的替代物没收，没收非法所得与合法财产相混合的财产中取得的利益的利益没收，也即混合没收。混合没收是指将犯罪所得及其收益与来源合法的财产相混合而予以清洗，则该合法财产亦属于没收的范围。笔者认为，应该将此种混合没收的方法纳入到我国刑法关于洗钱罪的没收规定。由于我国参加并批准了《联合国禁毒公约》，作为该公约的缔约国，理应完全履行公约规定的义务。同时，与犯罪所得及其产生的非法收益相混合的合法财产，虽然本身来源合法，但是行为人使用的效果和适用的目的是非法的。从主观上看，行为人将该部分犯罪所得及其产生的收益与合法财产相混合，目的是为了隐瞒和掩盖财产中包含的非法性质和来源，或者使行为人具有逃避司法机关的制裁和追查的可能。在这个意义上，混合财产中的合法财产已经变为非法的性质了，其相当于掩饰、隐瞒非法财产的"犯罪工具"，因而应当予以没收。

三　建立健全的反洗钱组织体系

（一）公安机关设立专门的洗钱犯罪侦查机构

根据公安机关的资源优势和司法机关的职责分工，建议在公安部设立洗钱犯罪侦查局，各级公安部门设立相应的洗钱犯罪侦查部门。其主要职责是：分类、收集、处理、评估与洗钱犯罪有关的信息；在执行职务时可随时向金融机构等发布指令要求其向该部门公开信息；调查洗钱犯罪案件；协调处理重大的反洗钱犯罪侦查案件。

（二）金融机构设立专门的反洗钱主管部门

建议金融机构内部反洗钱机构成立专门的主管机构，其成员均应具有一定业务经验与相应法律金融知识。该机构在接到可疑交易的报告后，应当迅速开展一定的调查和进行审查。如有证据显示是清洗赃钱的，应该向金融监管当局、情报部门进行报告并将案件移送给检察机关。金融机构应该视情况设立相应级别的兼职或者专职反洗钱官员，反洗钱官员应具有如下职责：其一，保证职员按照规定的工作流程进行操作，以保证银行以及职员遵守反洗钱法；其二，负责本机构工作人员，特别是直接应对客户服务人员进行反洗钱技术培训；其三，负责和金融情报部门直接联系，及时报送可疑交易和大额交易信息；其四，对本机构工作人员报送的可疑报告实行内部审查，根据初步调查结果决定是否有必要向金融情报部门专门作出报告。

（三）加强不同领域间的反洗钱协作

一是基层人民银行牵头建立银行间反洗钱网络，共享信息资源，畅通联系渠道，确保辖区内金融部门之间的反洗钱工作的有效开展。二是通过建立反洗钱工作联席会议制度，进一步加强司法、银行、工商、税务、海关等部门的协调联动，形成务实高效、灵活多样的合作机制，齐抓共管，确保反洗钱工作的顺利开展。三是要完善各基层金融机构内部的反洗钱组织体系，充分发挥各业务部门的优势。四是进一步加强人民银行与公安等部门情报会商制度。集中力量及时查处人民群众反映强烈、严重影响经济金融发展的洗钱犯罪案件。加大跨境异常资金流动监测力度，严厉打击跨境洗钱活动、危害社会政治稳定和我国国家安全的恐怖融资活动。

四　健全我国金融机构反洗钱制度

（一）反洗钱规章制度的制定

《反洗钱法》扩大了履行反洗钱义务主体的范围，先从银行业扩展到证券、保险业等整个金融行业，今后还要逐步增加特定非金融业。同时明确规定了金融机构建立反洗钱内部控制制度、客户身份识别制度、客户身份资料和交易记录保存制度以及大额交易和可疑交易报告制度四大反洗钱义务。金融监管部门要统筹安排，从中国国情和反洗钱工作实际出发，制定证券业和保险业反洗钱规定，建立客户身份识别制度、客户身份资料和交易记录保存制度的具体办法，反洗钱内控措施、特定非金融机构反洗钱义务、范围和管理办法等具体制度，完善反洗钱法律法规体系，实现反洗钱工作的制度化、规范化、程序化。

（二）建立和完善反洗钱金融监管措施

首先，人民银行和相关单位应严格按照依法行政的原则，规范反洗钱监督管理行为，细化反洗钱现场检查和非现场检查制度，严格保守因反洗钱知悉的国家秘密、商业秘密和个人隐私；尽快规范和细化调查可疑交易活动和对将转往境外的涉嫌洗钱账户资金采取临时冻结措施的具体程序，并通过实施监督和宣传培训，督促金融机构自觉履行法律规定的反洗钱义务。其次，金融机构建立和健全金融系统自身的监管措施是预防、发现和打击洗钱犯罪的首要环节。综观世界各国的反洗钱经验及教训，可从建立完善客户身份识别制、大额现金交易及可疑交易报告制度、记录保存制度、内部控制制度，加强对货币出入境的监管，对相关机构职员进行培训教育，改革银行保密制度，强化金融机构的防范作用等几方面着手，履行反洗钱义务。

（三）规范民间融资与取缔地下钱庄

地下钱庄不仅是被犯罪分子利用进行洗钱，而且可以危及国家金融安全。地下钱庄有它存在的优势，光靠一味打击是不够的，金融监管部门应多采取疏导的措施，可以让一部分地下钱庄转变为合法的接受监管的金融机构，成为商业银行的补充，充分满足民间多层次的金融服务需求，归入正常的反洗钱监管与金融监管轨道；要加快民营性质银行的市场准入改革，鼓舞民间资本参股进入各种组建民营银行或者所有制商业银行；国有商业银行进行改革要面向市场，满足民间资本的相关金融服务需求和投资需求，从源头堵死地下钱庄生存的出路。

五   开展国际司法合作

（一）反洗钱法律规范方面与国际接轨

建立健全中国的反洗钱法律时，应注意做到国际规则国内化，注意借鉴和参考国际组织和有关国家的反洗钱立法建议和经验，借鉴其他国家的反洗钱法律规范，适时修改中国对洗钱行为的界定，做到洗钱定义应具有国际兼容性。

（二）加强国际司法协助与合作

一是将犯罪分子进行引渡，不让犯罪人员在世界上找到任何藏身之地。二是加强有关洗钱犯罪证据方面的协助。比如接受外国法院的委托，协助进行扣押、搜查、调查和送达等。三是对犯罪收益进行没收。国际没收将是跨国洗钱犯罪斗争的最有效的方法之一。对处于国外的物品，已经突破了物证移交的限制，扩展至犯罪工具和产品的没收，并且保证没收的执行。另外还规定比如扣押和冻结等临时性相关措施。

（三）加入国际公约、条约、协定和国际组织

目前国际反洗钱行动以区域反洗钱组织和金融行动特别工作组为中心，并通过主要国际机构和一系列双边和多边论坛等渠道全面铺开。金融行动特别工作组（FATF）是国际性的反洗钱组织，在该领域具有最高的影响力和权威性，其制定的 40 条建议已成为反洗钱方面的国际标准，其成员至今已

扩大到多个国家和地区。亚太反洗钱小组（APC）是亚洲和太平洋地区最有影响的区域性反洗钱组织，共 22 个成员。中国应尽快加入上述组织，更好地加强国际合作，协调打击国内外跨国洗钱犯罪，维护国家利益。

（四）加强反洗钱国际信息交流和共享

中国若不积极交流有关洗钱组织活动的信息，仅靠自己获得的一些线索，很难对犯罪集团的要害部门予以致命打击。此外，洗钱犯罪除了地域的国际性以外，还包括犯罪技术的国际化。这就需要中国加强这方面的国际合作，经过加强和扩大国际间情报信息资源交流有效打击洗钱犯罪。中央银行、监管当局在进行金融数据统计时，要注意另外统计国际资金流动信息、各种不同货币现金的国际流量及中国的有关洗钱技术与洗钱信息，按照对等的原则或者履行国际条约义务的原则提供给相关的国际组织与有关国家反洗钱监管当局，并且从有关国家反洗钱监管当局以及有关国际组织收集反洗钱信息资源，再及时转送给国内有关部门。

六　其他机制

（一）完善反洗钱的技术保障

1. 尽快建立三个系统

（1）客户信息数据库系统。充分利用该系统对所有已开立的账户，完善和补充相关的背景资料，建立完备的客户信息数据资料。并通过建立健全账户年检等制度，掌握存款人开户资料的变动情况以及经营变动情况，及时更新和补充相关资料，为可疑和大额交易的分析、鉴别提供依据。

（2）诚信系统。要进一步加快社会诚信系统的建设步伐，利用先进的网络技术，实现与税务、工商、公安等部门的联网，核对开户单位的企业代码、营业执照以及身份证件等资料，实现社会信息资源共享，有效防范和打击洗钱犯罪。

（3）可疑和大额支付交易检测报告系统。应在参考国际上较为科学的检测分析标准的基础上，充分利用各金融机构的会计核算系统数据，对大量的大额交易进行连续、全面的监测，在综合评价的基础上，发现可疑的支付交易信息，并对可疑和大额支付交易信息汇总、分类、分析后实现自动上报。

2. 提高大额交易和可疑交易的分析、监测水平

应加强我国反洗钱监测分析中心建设，建立完善国家反洗钱数据库，加

快网络建设，全面实现金融机构可疑交易和大额交易数据的电子化报送。完善监测分析工作规程，探索建立适合我国国情的反洗钱资金监测分析指标体系，积极与有关部门合作拓展匹配数据来源。

（二）运用高科技手段反洗钱

1. 建立明确的密钥管理规范

为了减少利用电子货币进行的洗钱活动，对电子货币应该有所限制，如限制电子货币在持有人之间转移；限制智能卡的功能和容量；建立中央数据库进行追踪，可以对部分记录交易追踪，也可以对全面记录交易进行追踪。由于对电子货币交易的记录和追踪可能与保护公民的隐私权产生矛盾，因此应该通过立法的方式对个人数据的隐私权保护问题做出明确规定，如规定哪些机构在怎样的情况下可以取得这些资料和数据，被记录人采用怎样的救济手段来保护自身利益。对于采用加密技术的电子货币，电子货币的匿名性大大增强，这对惩治犯罪和执法机构侦查带来了很大的障碍。有研究显示，要破译 1024B 的密钥，需要 1 亿台电子计算机工作 28 万年。此种情况下，就产生了对私人的加密密钥如何管理的问题，即私人密钥由谁来保管，政府在何种情况下可以获得私人密钥。英国、美国、法国等国家提出由政府建立一个独立的机构，对所有公众使用的密钥进行托管，政府在一定条件下（如法院的命令）可以取得私人密钥。应该说，这种提议是可以接受的，因为我们必须在公民隐私权的保护和打击犯罪之间寻求一个合适的平衡点，公民隐私权的保护在任何时候都不应当是绝对的。

2. 切实履行客户身份的识别义务

针对利用网络银行实施洗钱的行为，很多国家已经采取了一些措施，使在建立商业关系时进行身份辨明的义务同样适用于网上金融服务。比利时的反洗钱立法对于建立商业关系，最初究竟采用亲自的信件、传真、电子邮件还是因特网是无区别的，金融机构必须一个个通过证明文件验明客户的身份并且将复印件保存在金融机构。日本的网上交易的前提条件是按照传统的面对面的方式开设账户。在美国，虽然可以通过网上开设账户，但是客户必须提供身份证号码以便于被金融机构验明身份，这种程序与通过电子邮件申请开通银行账户没有什么区别。除了增强客户身份识别的要求之外，我们应该限定在网上提供的金融服务的类别和数量；在特许网络银行的权限与网络银行能够拥有的客户范围等问题上加以严格管理；禁止金融机构在还没准许的专门辖区范围里提供网上金融服务；发展更新的信息技术能力使在审查可疑的客户身份证明以及网上交易方面有所提高；建立更新的程序来帮助金融机构提升真正了解商业关系持续期的客户的能力。

3. 建立保持记录制度

针对利用网上赌场进行的洗钱活动，应该要求网络服务的提供者对用户适当的身份信息予以确实地保存和记录；对交易资料建立日志文件，将网络协议的号码与用户以及用于联络的电话号码联系起来，将这种信息保持一段合理的时间，并且保证在侦查犯罪时这种信息可以及时地在国际范围内获得。

（三）建立有关反洗钱奖励机制

应对反洗钱成效突出的联动部门以及金融机构给予一定的经济奖励或补偿，特别是对于打击洗钱犯罪的有功个人加以一定的精神和物质奖励，使目前反洗钱的收益和成本不对等的现状获得改变，充分调动各方参与反洗钱工作的积极性。

（四）加强现金管理

一是要加大支付结算工具的推广和宣传运用力度，推广使用信用卡、个人支票、网上支付等支付工具。要大力改善金融服务，加快资金清算和票据传递速度，为票据结算的推广创造一个良好的外部环境，使各种支付工具更加快捷、方便、实用。二是尽快修订有关现金管理的法规，进一步完善基层金融机构的现金管理工作。在此基础上，建议对大额现金结算收取一定费用，使现金结算的成本高于转账结算的成本，运用价格手段影响公众对支付工具的选择，这样可以减少现金的流通量，降低犯罪分子拥有大量现金进行洗钱活动的可能。

第四章　反网络洗钱技术对策

第一节　关于反洗钱技术的发展

国际上对于反洗钱技术的研究已经过了三个阶段：第一个阶段叫做欺诈扫描，第二个阶段的反洗钱技术研究内容主要是基于交易规则、数据挖掘、神经网络等相关技术；第三个阶段则是以智能代理技术手段整合基于案例推理、数据挖掘、神经网络、模糊逻辑等各项技术而构成的反洗钱技术。如成功的网络反洗钱系统 iPrevent 采用智能代理框架，整合使用了 9 种先进技术，以达到反洗钱的能力。

第二节　反洗钱主流技术

一　神经网络技术

神经网络发展于人工智能（Artificial Intelligence，AI）领域，该技术模仿人脑神经元的结构，用神经网络连接的权值来表示知识，通过反复训练（training）、学习数据集来建立预测模型和分类模型，其学习性体现在神经网络权值的逐步计算上。神经网络技术可以用于节省跟踪洗钱活动的时间，加强反洗钱调查的工作，并能通过自主学习制定最为有利的反洗钱整体分析方案，提高数据分析效率；此外，还可以和遗传算法及模糊理论等技术相结合，优化学习效果，以提高学习能力。

二　聚类分析技术

属于一种数据挖掘技术，适用于数据量庞大，或者希望通过属性把数据分为几个不同的集合的运用场景。在反洗钱领域，聚类分析技术能用来在大量的交易数据当中挖掘准确、及时的线索。聚类算法的长处之一在于其无监督学习与自动处理等特性能够使得系统能够动态适应洗钱手段的不断变化，并在一定程度上规避有关洗钱活动的自适应问题；此外的优点是可以回避洗钱行为方法模式识别中缺少训练样本的问题。

三 支持向量机技术

该技术是回归分析和综合分类的一种统计学习机制。支持向量机技术的机制是，运用非线性算法把输入数据映射（Mapping）到一个高维特征空间；然后在特征空间内运用线性算法（通常采用简单的线性算法），完成输入空间的非线性处理。支持向量机技术的特征在于可使用少量的实验样本集进行分类，而且比较适用于高维数据集合。Fayyed 将支持向量机技术运用到反洗钱中，利用似然矩阵（Likelihood Matrix），为每个支持向量提供一个概率判断阈值，以解决监控时的众多变量的权衡问题，并克服了模式识别中常见的过度拟合（Over – fitting）问题。

四 遗传算法技术

该技术试图与自然进化论的思想相结合，从随机产生的规则组成的初始群体中开始，依据"适者生存"的原则，在当前群体中形成和规则最适合的新群体，而后通过变异、交叉等方法创建出这些规则的后代，直至群体中的每个规则都能满足预先设定的阈值。在对反洗钱分析中，采取遗传算法技术，将有助于发现还没有被发现的洗钱模式。

五 破点分析技术

在反洗钱调查工作中，该技术能够根据账户交易信息识别支付方式的变化，从而可以作为一种监督策略。在识别可疑的行为模式时，需要在每个金融账户的交易历史数据上建立一个滑动窗口（window），窗口中装有一定数量的交易时序数据。窗口在每个账户上滑动，当有新的交易数据进入窗口时，窗口中最"旧"的数据自动溢出。利用破点分析技术，可以判别新进入窗口的若干数据与窗口内的"旧"数据相比是否表现为异常。这样，通过破点分析确定的异常点（或点集）对应的就是值得怀疑的交易行为。

六 孤立点分析技术

该技术可以通过发掘原始数据集合中生成机制不同的那些异常数据而发

现可疑的行为模式。并且，可疑洗钱行为模式辨别的主要目的就是要从大量的日常交易情况中发现极少数反常的可疑交易情况，这正好适合使用孤立点分析技术。

Jason 在研究反洗钱技术中引入所谓视网膜（Retina）技术的概念，即模仿视网膜视觉成像的工作机制，由与某个事件有关的概率阈值构成一个光感细胞，多个细胞构成一个视网膜。当某个事件发生，例如某个用户存入一大笔钱，则某个细胞被点亮（fire），因为预先设置了该客户与一定金额的相关关系。同样的过程可以用于评估与洗钱相关的一些概率事件，比如金融服务产品种类（现金、支票、信用卡、借贷行为等）、时间跨度等。

七 决策树技术

此技术通过一系列规则将数据进行不断的分类，它的核心算法是遗传算法。在反洗钱运用中，决策树技术可以发现和洗钱犯罪相关的交易行为方式，帮助分析人员更好的明白洗钱的过程，并能提供独特的调查途径方式。

八 链接发现技术

链接发现也是反网络洗钱中的新技术，可以从大量不同类型的对象中找出隐藏于其中的联系并能够帮助定位可疑对象，从而可以帮助解决反网络洗钱研究中的难题：发现隐藏的特殊的个体和组织结构。这些不同类型的对象包括个人信息、银行账号、存款、电汇以及交易等，从这些对象中发现它们之间的关联将有助于找出所有交易者和交易活动的关系网。如果这些公司或人已经被证实与犯罪行为有关，那么就有必要将这个人作为下一步的调查对象，从而提高反洗钱的效率。在美国，链接分析已经迅速应用在执法机构和其他部门，但相对来说，它仍然属于新兴的技术，其应用不仅适用于执法部门，还包括社会网络分析（Society Network Analysis）等社会科学。

链接发现来自于机器学习和人工智能领域，它和知识发现、数据挖掘有着紧密的关系。数据挖掘偏重于在数据中正规地发现新颖的、潜在有用的、有效的，并且最终能够被读懂的模式的过程，其数据主要来自数据库；而链接发现侧重于在互相关联、大量的数据中识别复杂的、多形式的、未知的关系模式，特别是具有潜在威胁性的活动，链接发现的数据一部分来源于知识抽取，另一部分来自其他现有的数据库。

九　智能代理技术

智能代理是一种在协作系统或分布式系统中能持续自主的发挥作用的计算实体，通常称为智能体。而移动 Agent 指具有跨地址空间持续运行机制的 Agent，是一种特殊的程序。它可以在一定的机制控制之下，携带自身数据、代码及其状态信息在网络环境中从一个节点迁移到另一个节点上继续运行。利用 Agent 的自治性、移动性、智能性、协作性、适应性等特点，结合多个 Agent 协作分工、不同的运算能力，可以构造出基于多 Agent 的分布式反网络洗钱系统，其技术框架如图 4—1 所示。

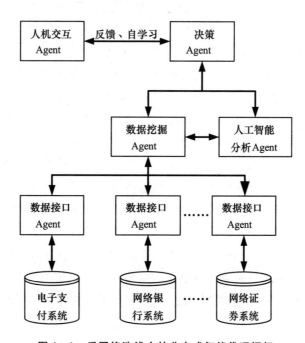

图 4—1　反网络洗钱中的分布式智能代理框架

第三节　国内反网络洗钱技术发展

国内对于反洗钱技术的研究主要是关注洗钱行为的发现以及金融数据的分析等，已取得了一些成果：①卢正鼎等提出的基于相似度离群模式发现模

---

① 参见杨冬梅、吴冲锋、冯芸《金融网络中洗钱资金异常转移路径的经济成本模型》，载《系统工程理论与实践》2006 年第 5 期。

型，通过知识属性集分析离群点，进而检测出可疑资金流动序列。① 汤俊采取客户行为模式分析技术，判断是不是存在可能的洗钱行为。杨冬梅等以资金转移路径的经济成本来考虑，监控资金的异常转移，以此来提高反洗钱的效率。②③ 孙小林根据聚类分析的思想，将洗钱案例库中的数据构造为核心决策树，从而判断出异常点并采取孤立点分析，来判断其归属于洗钱数据的概率。张成虎等提出依据范例推理（CBR）的反洗钱信息系统，依据旧的案例判断当前可疑交易，并且产生有价值的新的案例。④ 张成虎与高薇等使用数据挖掘方法当中的贝叶斯分类法，经过对案例数据的训练学习来达到对未知类的样本分类，能够得到各类交易的洗钱概率值。⑤ 黄柯等对案例推理、专家系统、数据挖掘、模糊逻辑等相关技术以智能代理的形式来进行组织，进行集中式的反洗钱数据分析，并且能进行知识更新和升级。⑥ 崔颖安等将海关系统、证券系统、银行系统等多个系统的接口对应到多个智能体，通过Agent 服务将它们联系起来，其核心的洗钱判断是利用规则推理的黑板系统来实行的。这些方法能够克服国内以往传统上的可疑、大额交易上报方法所具有的预设标准容易被规避、海量数据报表、高误报率、无法跨部门全局监控、缺少数据解释能力、自适应能力差等局限性，能够提升反洗钱的实时性和准确性，有利于研制先进可靠的反网络洗钱分析系统。

　　另外，在反网络洗钱研究中值得一提的是仿真数据的问题。在汇兑、存取款、网上支付等金融交易中，出于隐私、安全等保密原因，真实的交易数据一般不公开，国内外的研究者都很难获取到真实可信的原始案件数据和可疑交易数据，从而对有关算法和模型的检验存在着一定的难度。针对这个问题，研究者 Barse 等提出用仿真数据来调试和训练欺诈检测系统的方法，并

---

① 参见卢正鼎、王琼《基于相似度的离群模式发现模型》，载《华中科技大学学报（自然科学版）》2005 年第 1 期。

② 参见汤俊《基于客户行为模式识别的反洗钱数据监测与分析体系》，《中南财经政法大学学报》2005 年第 4 期。

③ 参见张成虎、孙莹莹《基于范例推理的反洗钱系统设计》，《中国金融电脑》2006 年第 10 期。

④ 参见孙小林、卢正鼎《基于反洗钱应用的一种有效的增量聚类算法》，《华中科技大学学报（自然科学版）》2004 年第 11 期。

⑤ 参见张成虎、高薇《基于朴素贝叶斯分类的可疑金融交易识别研究》，《情报杂志》2006 年11 期。

⑥ 参见崔颖安、崔杜武《基于多 Agent 客户识别的反洗钱系统研究》，《计算机工程》2007 年第 4 期。

界定了仿真数据的重要性和数据仿真的五个步骤。华中科技大学开发的可疑交易智能分析监测系统，简称 SINOTRAC，是该校计算机学院智能与分布式计算（IDC）实验室根据中国反洗钱监测分析中心和国家外汇管理局的需求，设计开发的一个原型系统，目标是在反洗钱信息平台的基础上建立一个自动化程度较高的交易分析系统。主要功能是根据反洗钱知识建立反洗钱分析模型，利用反洗钱分析模型对银行提供的可疑和大额交易数据库进行可疑交易甄别，形成关注名单，为用户提供关注账户的交易网络可视化功能，结合聚类、分类、关联规则以及链接分析等数据挖掘技术进行反洗钱分析服务，这些服务主要包括异常资金流监控、异常账户发现等。

第四节　基于分布式智能代理的反网络洗钱技术

一　有关智能体技术

Agent 和多 Agent 系统是当前信息工程、计算机科学技术、人工智能、智能决策支持系统、网络通信等领域非常活跃的前沿研究方向之一。Agent 在计算机应用领域可以被看做一种在协作系统或者分布式系统中能持续自主地发挥其作用的计算实体，常被称之为智能体，具有感知能力和反应性、通信能力、自主（治）性、能动性、推理与规划能力等属性。由数个 Agent 组成的系统就称为 MAS（Multi - Agent System）系统，主要解决协调与构造系统中几个并行智能体的行为使之协同工作的问题，对于系统环境的不明确性、动态性，单个 Agent 应具有响应性，而且能同时协调、处理与解决其他智能体单元的资源冲突，规划出其行为，最终做出决策，此系统更适合动态和开放的环境。

Agents 是一种基于分布式系统或协作系统中能够持续自主的发挥作用的计算作用实体，通常称为智能体。利用 Agent 反应性、交互性、自主性和主动性的特征，整合出多个识别 Agent 运算能力，进而构造出基于多 Agent 的客户辨别反洗钱系统。

二　基于移动代理的反网络洗钱系统框架

Agent 是一种具有智能性、自主性、社会性、反应性、主动性和协作性的软件实体，能够较好地用于虚拟现实。在本系统的设计中，利用 Agent 的诸多特性来模拟现实中的金融交易行为，用角色来描述现实中的金融行为

者，即利用 Agent 来完成金融交易中一个或多个角色的金融行为。在现实中
的每个金融行为主体（以下简称主体）对应一个角色，主体具有不同的类型
特征（包括职业、年龄、身份、社会地位等），这些特征在很大程度上能够
决定其金融行为类型，也就是说特定类型的金融行为主体在其金融行为周期
内（如一个月、一个季度等）其金融行为特征量（交易频次、交易流量、
交易路径、交易强度）变化不大，因此可以用金融行为特征和主体的类型特
征来描述一个金融角色，再利用 Agent 来扮演该角色，实现虚拟现实的目的。

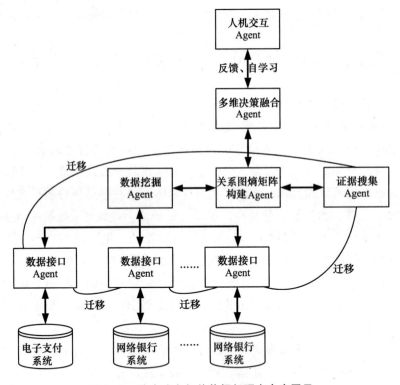

图4—2   分布式多智能体框架研究内容图示

（一）系统组成

本节是以网络洗钱这个新的洗钱犯罪形式作为研究对象，针对目前经常
采用集中式数据挖掘方法的局限性，用分布式多智能代理框架，与洗钱行为
的离析、处置、融合这三个阶段结合，研究基于关系图熵矩阵的有可疑性的
洗钱行为预警模型，结合时间和空间综合的行为异常等方面，提出了多维决

策融合方法，避免单纯数据挖掘有可能产生的维数爆炸。经过研究移动代理技术，采取证据搜集 Agent 在各分系统间进行迁移的方法，解决搜集证据这个反洗钱中的难点问题，并且通过人机交互 Agent 对用户提供报警及解释，得出分析结果，如图 4—2 所示。

（二）系统流程

其系统流程如图 4—3 所示，其中，分布式多智能体框架设计包含多智能体通信和写作设计、移动代理设计、单智能体设计等；决策模型中包含关系图熵矩阵预警模型构建与多维决策融合等；测试和仿真包括真实数据测试和仿真数据测试。

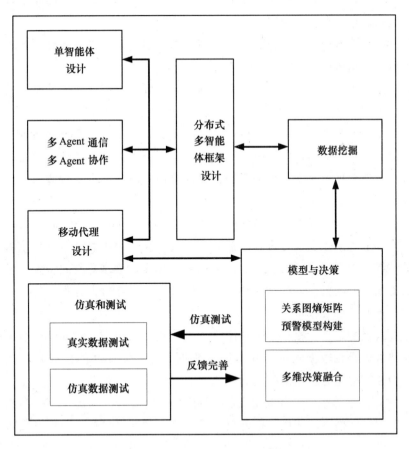

图4—3　系统工作流程示意图

三　关系图挖掘

（一）有关离群模式的定义

离群检测是数据挖掘和知识发现领域的一个很重要的方面，用来发现"小的模式"（相对于聚类），也就是说离群数据集显著与其他数据对象不同。数据出现背离正常的离群点的因素很多。可归为三种：

（1）由测量错误引起，由于测量仪器的某些缺陷导致部分测量值变成离群点，可认为是噪声。

（2）由数据变量固有变化引起，也就是说观测值在样本总体中发生了变化，此变化是样本总体自然发生的特征，为不可控的，并且从侧面反映出了数据集的数据分布特征规律。

（3）由执行错误引起，比如身体病变的出现、系统机械故障、黑客网络入侵导致数据集产生离群点。

对于那些明显背离主流和正常数据特征的数据识别，根据其研究的侧重不同，内容界定与术语也不统一。例如，中文关键词可以是奇异点、离群点、孤立点、异常点、偏离点等，英文可以是 Outlier、Anomaly、Unusualness、Novelty、Deviant、Noise、Exception 等。传统数据挖掘研究往往研究如何减少离群数据对正常数据的影响，或仅仅把其当做噪声来对待，然而这些离群数据可能来源于人为错误、录入错误或测量误差等，也可能就是数据现实存在规律的真实反映。一般文献中认为 anomaly、novelty 和 noise 表示那些在聚类、分类或数据清理过程中需要被不被关注、过滤掉、不重要或者在以前的训练集中未见过的信息，而用 Outlier 表示虽然表现异常或特别，但这正是数据挖掘所需要得到的结果数据。这里我们将研究内容名称统一为中文离群点，英文 "Outlier"。

离群点的定义，根据本书的研究背景，我们采用了 I‒Iawkins 给出的定义：离群点是在数据集中与众不同的数据，使人怀疑这些数据并非随机偏差，而是产生于完全不同的机制。

除上述定义外，许多研究者根据特定的研究背景，给出了不同的离群点定义，尽管它们不尽相同，但都反映了离群点的特点：首先，离群点看起来是令人惊讶的，它是离群点的关键特征之一；其次，离群点有较强主观性，几乎所有研究者进行离群点挖掘研究时都定义特有的挖掘背景；最后，离群点是一个相对的定义，如果初始分布模型的点类型假设不同，会产生不同的结论。

　　同时，根据不同分类角度，离群点可分为不同类别，图4—4给出了离群点的一个分类情况，其中，坐标轴代表不同角度，刻度代表每个角度下的分类情况。尽管该分类不很完备，但从一个侧面反映了数据集中离群点类型的多样性。因此，有效发现数据集中的离群点并不轻松，需要采用有效的算法和策略。

　　行为模式是用户在外部和内在环境共同影响和作用下表现出来的一种行为趋势和规律性特征，因此可疑交易行为模式一般表现为在指定时间段内若干次交易的异常。因此我们将由若干时间序列离群点构成的离群区间称为离群模式。

　　为方便起见，本书后面内容中不再严格区分离群、异常、离群点与离群模式的用词。

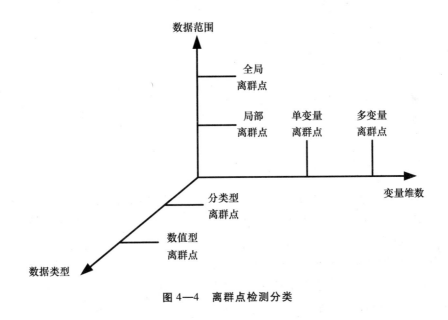

图4—4　离群点检测分类

　　（二）金融数据熵矩阵模型的特征提取和相似性度量

　　可以基于混沌理论建立基于历史金融数据的预测模型，通过当前数据的一步预测误差来实现了基于历史数据的离群检测。如当前数据存在可疑金融交易时，一步预测误差序列会在可疑金融交易的位置出现比较大的偏差，如当前数据没有可疑金融交易，那么一步预测误差序列就相对比较平缓。因此从直观上，可以依据一步预测误差序列的幅值分布来判断当前序列是不是存在可疑金融交易。

然而从机器学习的角度讲，必须把一步预测误差序列转换成能够从本质上描述是否存在可疑金融交易的特征矢量，这个过程就是特征提取。特征提取本质上就是通过某种（非线性的或线性的）映射关系，把高维的原始数据映射到低维的变换空间。它的基本要求是：特征空间的维数应远远小于原始数据空间的维数，即实现了某种程度的数据压缩；所提取的特征应具有相对不变性；特征易于理解，有较明确的物理意义；特征之间尽可能不相关。可以看出金融数据的特征提取，是机器自动化离群点检测很关键的一步。

采取基于 RBF 神经网络的"一步预测误差序列特征提取"和"相似性度量方法"，由于特征矢量有大量冗余，采取基于距离的特征选择方法，降低了有效特征维数。此外，在连续数值特征的基础上，还综合考虑数据来源的行业背景以及注册资金等情况，将行业与注册资金的类别离散化。因为在特征矢量中同时存在着离散值和连续值多维异构数据，本章的最后还将讨论有关异构数据集的距离度量定义，用以解决异构数据之间的相似性相互比较问题。

由于相似性度量是相似序列聚类、搜索、分类、频繁模式、关联模式挖掘的基础，因而在时间序列挖掘中具有举足轻重的地位。人们从不同角度出发研究出许多度量方法。本节综合已有的文献，对一些常见的、主要的方法进行介绍，并对其特点进行分析和评价。

1. 傅立叶变换

1822 年法国数学家傅立叶（J. Fourier）在研究热的传导理论时，提出了傅立叶变换的理论。经过 100 多年的研究和应用，它已经成为信号处理领域的一个非常重要的工具。Agrawal 等给出了基于傅立叶变换的相似度量方法应用于序列相似性搜索中。傅立叶变换的基本思想是将信号分解成一系列不同频率的正弦波的叠加，其实质是将信号从时间域转换到频率域。时间序列其实是关于时间 t 的函数，即其元素取值 $x_t = x(t), t = 0, 1, \cdots, n-1$。

对于有限长的序列，其离散傅立叶正变换为：

$$X(k) = DFT[x(t)] = \sum_{i=0}^{n-1} x(t) e^{-\frac{2\pi tk}{n}i} \qquad (4\text{—}1)$$

离散傅立叶逆变换为：

$$X(k) = IDFT[x(t)] = \frac{1}{n} \sum_{k=0}^{n-1} x(k) e^{\frac{2\pi tk}{n}i} \qquad (4\text{—}2)$$

式（4—1）是关于频率 k 的函数，而式（4—2）是关于时间 t 的函数。通过式（4—1）将信号从时域转换到频域。而通过式（4—2）可将处理过的频域信号再转换到时域空间。基于傅立叶变换进行相似度量的基本思想是，将两个待比较序列变换到频域空间，每个序列都只保留能量较高的几个系数，以这些系数作为频域空间点坐标，以其欧氏距离作为序列相似性度量。

傅立叶变换有一个重要性质，即：

若序列 $x(t)$ 和 $y(t)$ 的傅立叶变换分别为和，则：

$$DFT[ax(t) + by(t)] = aX(k) + bY(k) \qquad (4—3)$$

其中，a，b 为任意常数。

此外，傅立叶变换还满足如下帕塞瓦尔伊（Parseval）定理，即对于能量有限的信号 $x(t)$，必须满足：

$$\sum_{i=0}^{n-1} |x(t)|^2 = \frac{1}{n} \sum_{k=0}^{n-1} |x(k)|^2 \qquad (4—4)$$

该定理说明，信号经傅立叶变换其总能量保持不变，即时域内的能量等于频域内的信号能量。可证明，通过傅立叶变换将序列变换到频域空间中，然后采用欧氏距离法作为相似性度量，完全等效于在时域空间中用欧氏距离法作为相似性度量。它同样继承了直接距离法的一些特点。比如，两个序列的相似性度量值对线性偏移、水平偏移、振幅变化、不连续性等都较敏感。由于傅立叶变换可大大缩减数据量，因此如果事先将数据库中大量序列通过傅立叶变换处理建立索引，在相似性搜索比较中，由于减少了比较的数据量，因而其速度比直接欧氏距离法要快得多。可见，傅立叶变换在数据库中进行相似序列搜索时是比较好的，尤其序列比较长时，但对短序列其效果并不理想。

2. ARMA 模型参数法

ARMA 模型是时间序列模型分析法中最基本、实际应用最广的模型之一。对于平稳、满足正态分布、零均值的时间序列 X，若在 t 时刻的取值不仅与其前 n 步的各个值 X_{t-1}，X_{t-2}，$\cdots$，X_{t-n} 有关，而且还与前 m 步的各个干扰项 a_{t-1}，a_{t-2}，$\cdots$，a_{t-m} 有关，则对应的 ARMA（n，m）模型可表示为：

$$X_t = \sum_{i=1}^{n} \varphi_i X_{t-i} - \sum_{j=1}^{m} \theta_j a_{t-j} + \delta_t \qquad (4—5)$$

很明显这里的 ARMA 模型参数刻画了序列的特征。和上述傅立叶变换方法相类似，如先分别求出序列 X，Y 的 ARMA 模型之参数，则可通过计算出参数间的距离来判断序列 X，Y 存在的相似性。这种方法同样也起到了缩减数据的作用。而且如果原来的时间序列确实遵循此模型的话，其信息损失会比傅立叶变换更少。然而相对于金融时间序列来说，由于正态和平稳分布的要求太苛刻而不太适合。并且这种模型一般针对的是序列全局，用在长序列的相似性搜索还可以，但如果用于序列局部的相似性比较，就会出现较大的误差，并且模型的识别、定阶、参数估计过程也很复杂。

3. 基于距离准则的特征选择提取

在上一节的仿真实验中假定有 M 个检测单元。实际上如果数据时间跨度比较大，那么相对应的 M 也会比较大，描述原序列的特征维数也会较大。特征选择的目的是在 M 维特征矢量中找出类间区分性比较大的 d 维特征分量，进而达到降维的目的。更好的特征衡量标准，从定性的角度来说，要用到基于距离的类别可分离性判据，也就是说好的特征应有较好的类间可分性以及类内紧致性，也就是说类内距离小但类间距离大；从定量角度上说，能够充分反映出目标类别的差异，且较为稳定，不会随外部条件变化而发生太大的变化。对于无监督的异常检测来说，特征矢量的平均距离越大，那么差异就会越明显。因此特征矢量间的距离是研究度量类别与样本分布可分性最为直观的准则。

为此，我们依据定义的距离准则来选择一组有着最大可分性的特征分量用作异常检测的特征矢量。设特征矢量集是 $\{X^{(k)}, k = 1, 2, \cdots, N\}$，当中 $X^{(k)} = [x_1^{(k)}, x_2^{(k)}, \cdots, x_m^{(k)}]^T$ 为特征矢量集中第 k 个 m 维特征矢量，N 是特征矢量的数目，特征选择的任务就是从 m 维特征中选出数量为 d（$d < m$）的一组最优特征。

平均距离定义是：

$$S_w = \sum_{l=1}^{d} \frac{1}{N-1} \sum_{k=1}^{N} |x_l^{(k)} - \mu_l|^2 \qquad (4—6)$$

式中 $\mu_1 = \frac{1}{N} \sum_{k=1}^{N} x_l^{(k)}$ 是样本均值矢量。在 m 个特征中挑选出 d 个，所有可能的组合数是：

$$C_m^d = \frac{m!}{(m-d)!d!} \qquad (4—7)$$

如果将 C_m^d 种可能的特征组合的 S_w 全部算出来再加以比较，来选择最优

特征组，则计算量太大进而无法实现。相对于一维特征（$d=1$），则 $S_w = S_{wl}$

$$S_{wl} = \frac{1}{N-1} \sum_{k=1}^{N} |x_l^{(k)} - \mu_l|^2 \qquad (4—8)$$

上式也就是第 l 维特征分量的平均距离。设出各维特征分量对应的 S_{wl} 值是 S_{w1}，S_{w2}，$\cdots$，S_{wn}。对 S_{w1}，S_{w2}，$\cdots$，S_{wn} 排序后设定为 $S_{w1}^* \geqslant S_{w2}^* \geqslant \cdots \geqslant S_{wm}^*$ 这里选择和 $S_{w1}^* - S_{w2}^*$（$d < m$）对应的一组特征分量为特征矢量。

4. 基于 SVM 的可疑性交易判别

为了验证出一类支持向量机的离群判别性能，在本节，先后对金融数据和仿真数据实行了检测实验，并讨论了有关参数选取对检测性能产生的影响。

（1）仿真数据离群检测

实际情况描述离群的特征矢量可能是高维的，为了能够在二维平面上表现出分类面，仿真数据只是以二维特征矢量为例。假设特征矢量集由 100 个二维矢量组成，(x_i, y_i)，$i=1$，2，$\cdots$，100，$x \in R^2$，$y \in \{-1, +1\}$ 为类别标号。定义前面 95 个特征矢量的每一维分量服从于均值是 0，方差是 1 的正态分布；后面 5 个特征矢量的每一维分量服从于均值为 5，方差是 1 的正态分布。可以认为后面 5 个特征矢量就是离群点。在本节的仿真实验中核函数都是采用径向基核函数。

这里引入三个与离群检测性相关的统计量：检测精度、误报率和检测率，它们定义如下：

$$检测精度（Precision），P = \frac{正确分类的样本数}{总样本数}$$

$$误报率（False\ Positive），FP = \frac{正常样本被误报为离群的样本数}{正常样本数}$$

$$检出率（Detection\ Rate），DR = \frac{被检测出的离群样本数}{离群样本数}$$

（2）金融数据可疑性交易检测验证

由于不能获取真实的可疑金融交易数据，我们采取在正常金融交易数据上添加异常事件得到的合成数据用作可疑金融交易数据，来检验所设计的分类器的有效性。假设正常交易金融数据为 $X_1(t)$，异常数据是：

$$X_2(t) = X_1(t) + ke(t) \qquad (4—9)$$

其中 k 是异常强度。定义如下面所示：

$$e(t) = \begin{cases} sin\left(\dfrac{\pi}{2}t\right), & t \in [\,101,\ 110\,] \\ 0, & otherwise \end{cases} \tag{4—10}$$

（三）关系图挖掘

图熵没有一个一般化的定义，我们可以把图熵定义为图的关联矩阵的 Kolmogorov 复杂性。为了适应一些重要的图的特性，可以在这个定义之上再加一些理论约束条件，但是，Kolmogorov 复杂性是不可计算的。本书采用的图熵的定义与 Korner 对图熵的定义类似，当图是无权完全图时，二者具有等价性。Korner 对图熵的定义也有限制，即图的所有元素都以概率 P 分布，依照规定的信息来源和离散的无记忆性排列。Korner 对图熵做了一些描述：

$$H(G,P) = min_{v \in StableSet(G)} \sum_{v \in V(G)} pvlog(pv) \tag{4—11}$$

其中，$StableSet(G)$ 是顶点集 G 中的稳态集，指的是所有不包含任何边的顶点的集合。图中的稳态集确定了一个重要的整数规划模型，并且有不同的应用。但是，稳态集问题是一个 NP 难问题，即使有一些近似的方法可以计算稳态集，这也是这个图熵定义的特殊情况，在实际中并不容易处理。但是，我们可以将这个定义进行扩展，使得我们可以不用图中元素的依赖性来解决这个问题。

假设 $G = <V, E>$ 是一个有权多重图，P 是顶点集 $V(G)$ 的概率分布，给出以下三个共识：

$$w_i = \frac{1}{n}\sum_{i=1}^{n} w_{ij} \tag{4—12}$$

其中，w_i 表示节点 v_i 的权重系数，w_{ij} 表示节点 v_i 的一条邻接边的权重，n 为节点 v_i 的邻接边总数。

$$H(v_i,P) = w_i \cdot p(v_i) \cdot log[\,1/p(v_i)\,] \tag{4—13}$$

其中，$H(v_i,\ P)$ 表示图中节点 v_i 的熵，w_i 表示节点 v_i 的权重系数，$p(v_i)$ 为节点 v_i 与其他节点之间的边数与整个多重图的边数之比。

$$H(G,P) = \sum_{i=1}^{|V|} w_i \cdot p(v_i) \cdot log[\,1/p(v_i)\,] \tag{4—14}$$

其中，$H(G,\ P)$ 为图熵，w_i 表示节点 v_i 的权重系数，$|V|$ 为图中顶点的数目，$p(v_i)$ 为节点 v_i 与其他节点之间的边数与整个多重图的边数之比。

从定义可知，多重图的各节点间的边越有规律，图的熵越小；如果某几个节点间的边较其他节点越多（说明这几个节点间转账频繁），图的熵越大。

四 反网络洗钱多 Agent 协作技术

（一）多 Agent 通信机制

在 Agent 的消息交互过程当中，研究会话管理与多线程并发控制机制方法。多线程并发控制机制使 Agent 能够有效地完成协作以及决策任务；会话管理方法包含制定协商协议、协作协议等交互性协议，采用有限状态自动机来细化状态转换过程，及对于不同的状态转换过程制定出相应的消息处理流程，此方法使得 Agent 之间的会话过程能得到有效的实现。

（二）多 Agent 协作

本书构建基于多 Agent 客户识别的反洗钱系统。这个系统具有多 Agent 发挥集体智能的优势，同时又有兼容动静态洗钱规则、从海量数据中快速有效地识别洗钱行为、跨部门辨明的领域特色，将为智能化的反洗钱能够实现提供技术支持和理论基础。但是，应该看到该系统在具体的实现中还有如何保障公网上 Agent 信息交互的安全性问题，这将是笔者下一步需要开展的工作。

第五节　发展趋势

随着金融自由化、经济全球化、金融电子化的发展，世界范围内的洗钱犯罪活动迅速蔓延发展，呈现出大宗化、网络化、智能化、国际化、专业化和政治化的特点。与此相适应的，反网络洗钱技术的研究也应重点关注以下发展方向。

一 大量运用数据挖掘与人工智能技术

目前，已经应用在反洗钱系统中的数据挖掘技术主要包括序列模式挖掘（Sequential pattern mining）、孤立点分析、支持向量机、聚类分析、决策树技术等；人工智能技术主要包括多智能代理技术、专家系统、神经网络、机器学习、遗传算法等。比如上述的 FAIS 系统就是一个人工智能系统，主要由图形用户接口模块、金融数据库、数据预处理模块和数据分析模块组成，其中关键的分析模块和数据预处理就采用了人工智能技术。可以预见，将来对人工智能技术和数据挖掘的研究将更加深入，以实现更实时、准确、智能的反网络洗钱的目的。

二 综合应用多种技术

结合本书的分析与洗钱行为的特点，能够分析得出目前技术手段在反洗钱当中的使用特点，如：序列模式挖掘可以应用于分析具体一段时间以内具体个人的行为，并可获得异常访问模式的特征；可使用孤立点分析来检测出异常资金量的转移；同样，可使用聚类分析技术对具有相似交易行为的企业或者个人的账户聚为一类，并且可作为数据预处理手段用在反洗钱系统中；决策树技术可依据设定的可疑交易数据分类规则将各种报告数据进行分类，并用树状结构显示出来，该技术得出的结果可以提供出一系列彼此相互分离的独立路径，进而为分析者提供出反洗钱的推理框架。网络洗钱过程复杂，涉及面广，仅仅采用一种技术可能难以取得较好的效果，对于洗钱的过程及特点，综合运用各种不同技术是今后的一个研究方向。

第五章　反网络洗钱仿真实验

第一节　实验目的

依据本书的研究内容，搭建由网上支付服务器仿真节点、银行仿真节点、数据库服务器节点、用户节点、数据挖掘 Agent 节点、熵矩阵以及决策融合 Agent 与 Agent 管理节点等节点组建成的仿真实验系统，验证本书提供的反网络洗钱的信息技术方法。

第二节　系统组成和环境

仿真实验系统的组成如图 5—1 所示，各仿真节点通过网线和路由器连接

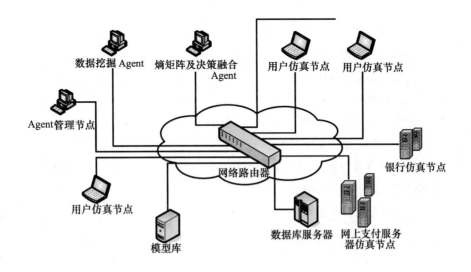

图 5—1　仿真实验系统节点组成图

成一个局域网，各仿真节点分别由 PC 机、笔记本或者服务器组成，各仿真节点上运行相关的实验程序。

一 系统软件运行环境

（1）操作系统是 Windows XP 操作系统。

（2）网络支持环境是基于以太网协议的局域网。

（3）JDK 采用 1.5 及以上的稳定版本，全部系统的开发都是 JDK1.5 兼容的。

（4）数据库采用 Oracle 10 以上的稳定版本。

二 系统硬件组成

此仿真实验系统运行所要求的硬件环境如下：

（1）处理器   双核 2.8GHZ；

（2）内存   2G；

（3）硬盘   200G；

（4）显卡显存   128M；

（5）网卡   100M/1000M 自适应。

三 开发环境

本仿真实验系统开发所需环境如下：

（一）集成开发环境

Visual Studio 2003. net；Visual Studio2008。

运用 Visual Studio2008 作为基本开发平台。

（二）数据管理系统开发基础平台

能提升开发效率、增强系统的稳定性、缩短开发周期、减少相关开发人员和经费。

（三）工程管理工具

运用 SourceSafe 进行开发工程的管理。

四 软件设计

此仿真实验系统软件开发的设计包含数据、对象设计以及金融交易设计。

（一）数据及对象设计

此仿真实验系统软件开发的相关数据设计主要包括字段属性设计、表格属性设计，及 Agent 设计等。

字段属性枚举类型，用来维护字段的属性列表，由元数据管理模块内部维护枚举属性（int 类型）和实际属性（string 类型）之间的一致性，保证不会由于实际属性发生变化或者字符串拼写错误造成以后的维护困难，如表 5—1 所示。

表 5—1　　　　　　　　　　　**字段属性枚举类型表**

Enum Column Attribute	
属性	说明
Name	字段名称
Caption	字段显示名
Type	字段数据类型
Length	字段长度
isIndex	是否索引
isUnique	是否唯一
isNullable	是否允许为空
……	……

表格属性枚举类型，用来维护表格的属性列表，由元数据管理模块内部维护枚举属性（int 类型）和实际属性（string 类型）之间的一致性，保证不会由于实际属性发生变化或者字符串拼写错误造成以后的维护困难，如表 5—2 所示。

表 5—2　　　　　　　　　　　**表格属性枚举类型表**

Enum Table Attribute	
属性	说明
Id	表格 ID
Name	表格名称
Caption	表格显示名

续表

Enum Table Attribute	
ParentName	父表格名称
PK	表格主键
FK	表格外键
……	……

　　元数据管理器主对象——AgentManager，用以管理各个 Agent 对象，其函数说明如表 5—3 所示。

表 5—3　　　　　　　　　　　元数据管理器主对象说明表

Class AgentManager			
函数	说明	参数	返回值/类型
CreateSchema	创建 Schema	String Caption	bool
DeleteSchema	删除 Schema	int sid	bool
GetTableBranchRoot	返回表格分支根节点。根节点为特殊的表格对象，有子表格，但没有表格的其他属性	(int sid)	表格对象
GetViewBranchRoot	返回视图分支根节点	(int sid)	node
GetConstraintBranchRoot	返回约束分支根节点	(int sid)	node
GetCategoryBranchRoot	返回数据分类分支根节点	(int sid)	node
AddTable	添加表格	(int sid)	
String tblName			
String tblCaption			
int parentTblID)	bool		
DelTable	删除表格	(int sid, int tblID)	bool
IsTblNameUsable	检验表格名称是否可用	(int sid, int tblID)	bool
IsTblCaptionUsable	检验表格显示名是否可用	(int sid, int tblID)	bool
……	……	……	……

智能对象——AgentObj，其说明如表5—4所示。

表 5—4 智能代理对象说明表

Class AgentObj			
函数	说明	参数	返回值
GetAttributes	获取表格对象的属性，可重载。如果无参数，则返回所有属性列表；若参数为 LIST＜属性＞，则返回值为要求的属性列表	void Or LIST＜属性＞	LIST＜属性－值 Map＞
SetAttributes	设定表格对象属性	LIST＜属性－值 Map＞	bool
GetSubTables	获取字表格列表	void	LIST＜TableObj＞
GetPK	获取表格的主键	void	LIST＜Column＞
GetFK	获取表格的外键	void	void
SetPK	设定表格的主键	void	void
SetFK	设定表格的外键		void
GetColumns	获取表格字段列表	Bool isExt	若 isExt 为 true，返回字段的逻辑字段列表（含父表格字段），否则返回该表格的物理字段对象列表。
AddColumn	添加字段	（String clmnName，String clmnCaption，String clmnType，String clmnLength）	bool
DelColumn	删除字段	（String clmnName）	bool
IsClmnNameUsable	检验字段名称是否可用	（String clmnName）	bool
IsClmnCaptionUsable	检验字段显示名是否可用	（String clmnCaption）	bool
……	……	……	……

数据表格字段对象——ColumnObj，其说明如表5—5所示。

表 5—5　　　　　　　　　　　数据表格字段对象说明表

		Class ColumnObj	
函数	说明	参数	返回值
GetAttributes	获取字段对象的属性，可重载。如果无参数，则返回所有属性列表；若参数为 LIST＜属性＞，则返回值为要求的属性列表	Void Or LIST＜属性＞	LIST＜属性－值 Map＞
SetAttributes	设定字段对象属性	LIST＜属性－值 Map＞	bool
……	……	……	……

（二）金融交易设计

本仿真实验系统软件开发出的金融交易设计主要包含数据业务类设计、类图设计，以及金融交易协议设计等。

数据业务类如表 5—6 所示。

表 5—6　　　　　　　　　　数据业务类说明表

		Class DatasPage_ Bydata	
函数	说明	参数	返回值/类型
onCreate	页面初始化	无	void
onAfterSetParent2	数据展示列表	无	void
onMetas_ navtreeSelect	选中树节点	无	void
onMessageParseClick	解析报文数据	无	void
writeoutAndReadinSqlXml	生成查询的 dom	无	void
setDetailData	分页显示查询结果	（int actPg）	void
……	……	……	……

金融交易管理对象如表 5—7 所示。

表 5—7　　　　　　　　　　金融交易管理对象说明表

		docspage 类	
金融交易管理	方法名	返回类型	界面和实现类
新建交易	onNavtreemenu_ adddirClick （）	void	popwindow_ addDir. zul Popwindow_ AddDir. java

docspage 类			
付款	onNavtreemenu_ movdirClick（）	void	无
转账	onNavtreemenu_ copydirClick（）	void	无
交易回滚	onNavtreemenu_ deldirClick（）	void	无
	onNavtreemenu_ updatenameClick（）	void	popwindow_ updateFolderName. zul
权限设置	onNavtreemenu_ folderPrivilege（）	void	popwindow_ updateFolderName. java
			popwindow_ FolderAuth2. zul
			FolderAuth2. java
编辑数据表	onNavtreemenu_ editTemplateClick（）	void	popwindow_ editTemplate. zul
			Popwindow_ editTemplate. java
校验	onNavtreemenu_ checkoutClick（）	void	CheckoutDoc. zul
			DocsCheckout. java
数据协议控制	方法名	返回类型	界面和实现类
上传信息	onDocdatasmenu_ adddocClick（）	void	popwindow_ addDoc. zul
			Popwindow_ AddDoc. java
下载信息	onDocdatasmenu_ getdocClick（）	void	无
删除信息	onDocdatasmenu_ gedocClick（）	void	无
属性信息	onDocdatasmenu_ editdocInfoClick（）	void	popwindow_ editdocInfo. zul
			Popwindow_ EditdocInfo. java
权限设置	onDocdatasmenu_ docPrivilege（）	void	popwindow_ FileAuth2. zul
			FileAuth2. java
剪切	onDocdatasmenu_ movdirClick（）	void	无
复制	onDocdatasmenu_ copyClick（）	void	无
粘贴	onDocdatasmenu_ copydirClick（）	void	无
加入常用文件	onDocdatasmenu_ addToClick（）	void	无
文件引用信息	onDocdatasmenu_ docCitationClick（）	void	popwindow_ docCitation. zul
			Popwindow_ docCitation. java
本地应用集成	onOpenDocument（）	void	无
数据处理插件	onOpendata（）	void	无

续表

docspage 类			
信息缓存	方法名	返回类型	界面和实现类
权限设置	onNavtreemenu_ rubutPrivilege（）	void	popwindow_ RubutAuth2. zul RubutAuth. java
清空缓存信息	onNavtreemenu_ CleanRub（）	void	无
恢复	onDocdatasmenu_ backClick（）	void	无
彻底删除	onDocdatasmenu_ delete（）	void	无
……	……	……	……

类图设计如图 5—2 所示。

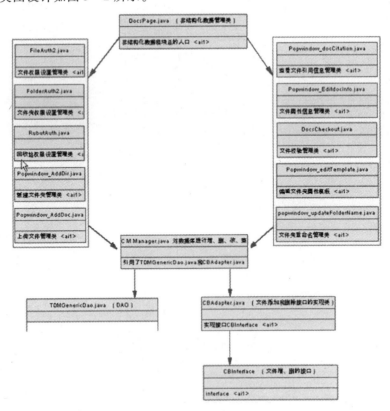

图 5—2　数据管理类类图

新建数据表类如图 5—3 所示。

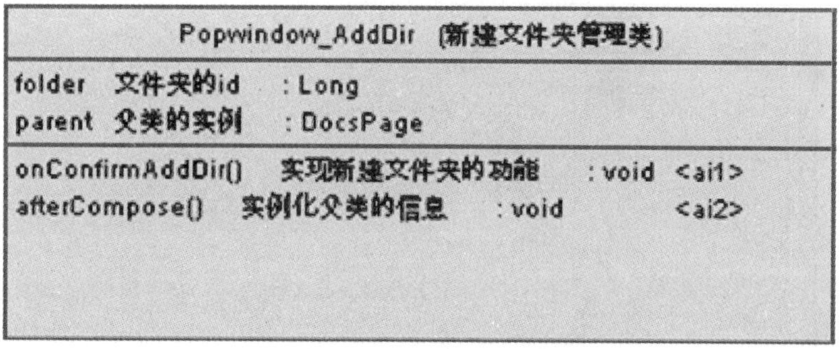

图 5—3 新建数据表类类图

新建数据文件类如图 5—4 所示。

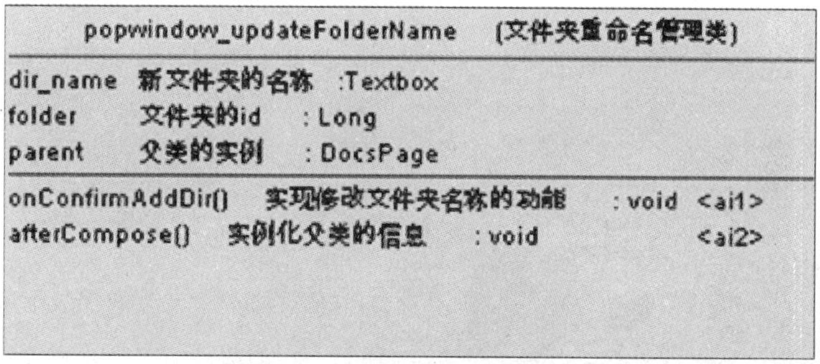

图 5—4 新建数据文件类类图

（三）仿真程序界面设计

仿真程序运行（见图 5—1）在各仿真节点上，智能代理的管理界面如图 5—5 所示，用户仿真程序的起始界面与操作界面分别如图 5—6 和图 5—7 所示，银行仿真程序和网络支付服务器类似，程序起始界面与操作界面分别如图 5—8 和图 5—9 所示，当中进行画图设置的界面如图 5—10 和图 5—11 所示。

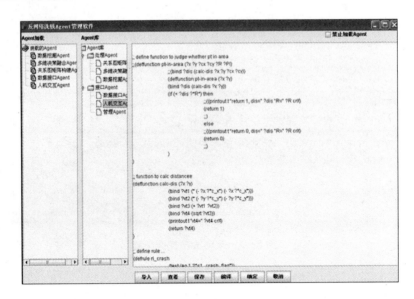

图 5—5　智能代理的管理界面

图 5—6　用户端登录界面

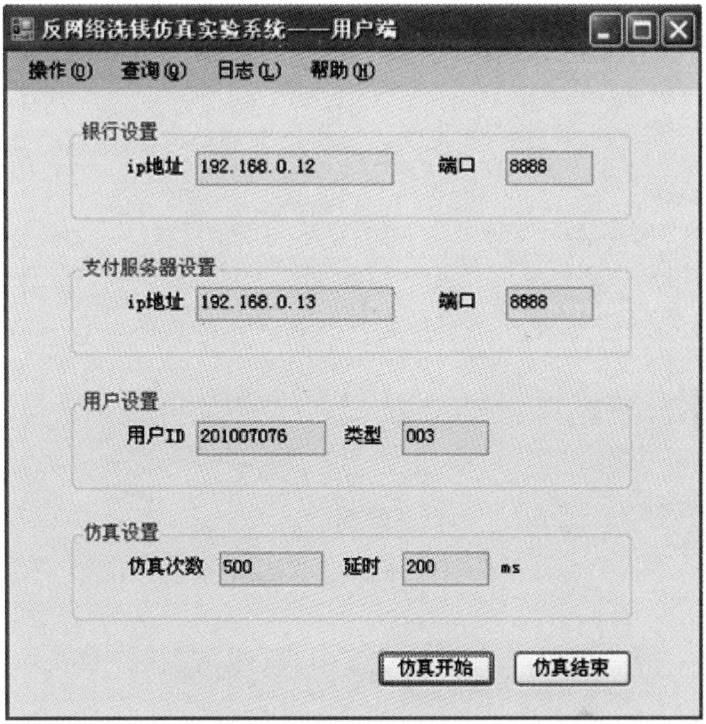

图 5—7　用户端仿真程序界面

图 5—8　银行端登录界面

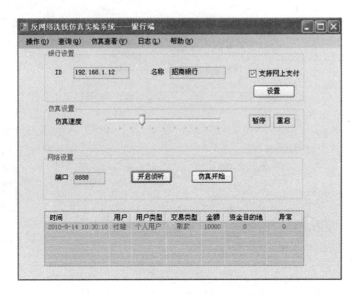

图 5—9   银行端仿真程序界面

图 5—10   仿真显示图线配置

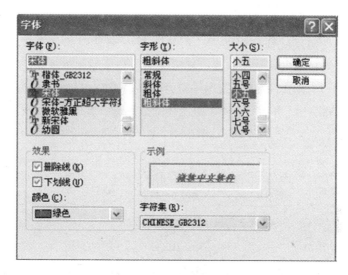

图 5—11 仿真显示图例配置

第三节 实验过程

在实际的经济生活当中，用户所涉及的金融交易可能有以下几种：所属企业会发工资给用户，用户将会把薪水存一部分到银行，同时要上缴一部分的税款，还要进行一定的零售消费和证券投资等。如图 5—12 所示。

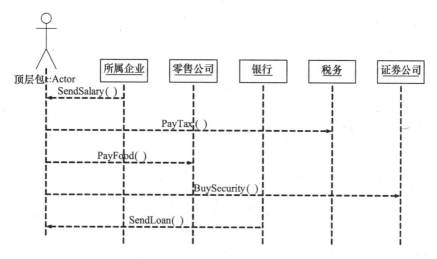

图 5—12 用户经济活动关系示意图

依据现实生活中的洗钱以及反洗钱的特点，进行实验。依据反洗钱监管机构要求提交的反洗钱报告格式，可统一整个交易层的最多且必要关键属性。以下分别显示出存款、取款、转账交易数据项的相关整合结果。

如图5—13所示的为存款交易项整合结果，图5—14所示的为转账交易项整合结果。图5—13和图5—14中的主体就是系统节点构成图（见图5—1）中的用户对象。

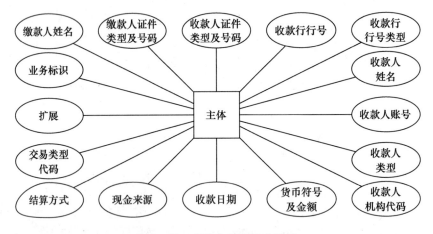

图5—13　存款交易项整合结果

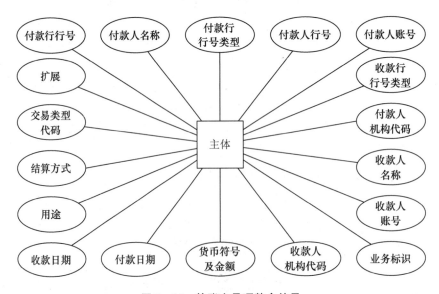

图5—14　转账交易项整合结果

假定用户之间的关联交易关系如同图 5—15 所示，则可以构造如同图 5—16 所示的关联矩阵。

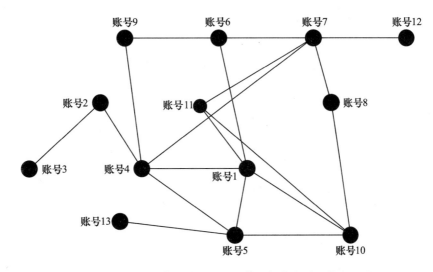

图 5—15　可表示账号间关系的可视化金融网络图

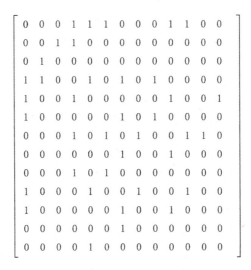

图 5—16　关联矩阵图示

图 5—16 所示的邻接矩阵为 13 个账号之间有无存在直接交易关联的表

示，输入的基础数据如下所示：

　　本书的一个主要研究目的是希望通过对金融交易数据记录进行分析，总结归纳出每个客户的交易行为模式，进而将那些行为方式明显与众不同的交易找出来，用作可疑交易分析的线索。银行提供的有待分析数据大都是每日交易流水的记录，它的表现形式如表5—8所示：

表5—8　　　　　　　　　　金融交易流水

日期	账号	交易额	余额
20030108	2708010001016	1000000.00	369877.00
20030110	1408010017693	12220.00	12226.48
20030114	1308010005070	0.00	0.00
20030114	1408010012178	233560.27	0.00
20030114	2708010001218	0.00	0.00
20030115	1408010017693	12220.00	6.48
……	……	……	……

　　这些原始数据在分析前经过预处理，按照监管部门指定的时间间隔单位（周、月、季等）、累计交易金额、交易次数，即可形成在监管周期时间内的一系列数据记录。

　　这里首先对金融交易序列用RBF神经网络建模，得到其一步预测误差序列。再将一步预测误差序列分成20个检测单元进行能量均值特征提取。在20个维能量特征中基于距离的准则选择出最具有可分性的2个维特征分量。2个维连续的能量均值特征再加上2个维离散的客户背景描述，构成4个维特征矢量作为一类支持向量机的输入。由于特征矢量集是一个异构数据集，因此这里采用基于HVDM的RBF形核函数，进行异常数据检测。需要特别说明的是，50个异常数据的行业类别认为是洗钱高发的批发、零售、贸易、餐饮业和房地产业，其余950个正常数据在其他行业随机生成；950个正常数据在注册资金大于1000万元的类别中随机生成。50个异常数据设定在注册资金小于1000万元的中小企业中，中小企业根据经验可知属于洗钱高风险行业。表5—9与表5—10是在异常强度不同情况下的检测结果。

表5—9　　　　　　　　金融数据 OCSVM 离群检测结果，$k = 0.2$

σ ＼ C	0.05	0.1	0.2
100	P = 91.40% FP = 7.74% DR = 70%	P = 90.00% FP = 8.95% DR = 70%	P = 89.30% FP = 9.58% DR = 68%
200	P = 92.90% FP = 6.11% DR = 74%	P = 91.80% FP = 6.84% DR = 66%	P = 91.70% FP = 6.94% DR = 66%
400	P = 94.00% FP = 5.05% DR = 76%	P = 93.50% FP = 5.26% DR = 70%	P = 91.80% FP = 6.94% DR = 68%

可以看到，当异常强度时，9 种与 C 的组合的检测率 DR 在 70% 左右，检测精度 P 可达到 90%。这是因为所有样本中 95% 为正常样本，由于误报率 FP 均在 10% 以内，因此在检测率 DR 不是很高的情况下，检测精度 P 仍然具有比较高的精度。最好的情况是具有比较高的检测率 DR 和比较低的误报率 FP，因此最优的与 C 的组合是。

当异常强度时，9 种与 C 的组合的检测率 DR 可达到 80%，检测精度 P 将在 95% 以上。相对于异常强度的情况，检测性能有所改善，这是因为异常强度增大，异常与正常数据的特征矢量之间的距离加大的原因。理想情况下，最好的情况下是具有比较高的检测率 DR 和比较低的误报率 FP，但在表 5—10 中找不到这样的组合。注意到当 $\sigma = 200$，$C = 0.05$ 和 0.1 时检测精度 P 均为 98.20%，$C = 0.05$ 时检测率 DR 比较高，$C = 0.1$ 时误报率 FP 比较低，因此这两种组合都可以认为是相对比较优的组合。

表5—10　　　　　　　金融数据 OCSVM 离群检测结果，$k = 0.5$

σ ＼ C	0.05	0.1	0.2
100	P = 95.10% FP = 4.11% DR = 80%	P = 95.50% FP = 3.58% DR = 78%	P = 95.60% FP = 5.37% DR = 74%

续表

C σ	0.05	0.1	0.2
200	P = 98.20% FP = 1.05% DR = 84%	P = 98.20% FP = 0.95% DR = 82%	P = 97.10% FP = 1.58% DR = 72%
400	P = 97.00% FP = 2.21% DR = 82%	P = 96.40% FP = 2.53% DR = 76%	P = 95.50% FP = 3.37% DR = 74%

表 5—11　　　　　　　　　　　　网络中节点度统计

节点名称	出度	入度	NumOutDeg	NumInDeg
P1	0.000	2.000	0.000	7.692
P2	0.000	2.000	0.000	7.692
P3	0.000	2.000	0.000	7.692
P4	0.000	3.000	0.000	11.583
P5	1.000	2.000	3.846	7.692
P6	0.000	3.000	0.000	11.583
P7	0.000	1.000	0.000	3.846
P8	1.000	2.000	3.846	7.692
P9	0.000	1.000	0.000	3.846
P10	0.000	3.000	0.000	11.583
C1	1.000	0.000	3.846	0.000
C2	2.000	0.000	7.692	0.000
C3	1.000	0.000	3.846	0.000
C4	2.000	0.000	7.692	0.000
C5	1.000	0.000	3.846	0.000
C6	1.000	0.000	3.846	0.000
C7	2.000	0.000	7.692	0.000
C8	1.000	1.000	3.846	3.846
C9	2.000	0.000	7.692	0.000
C10	2.000	0.000	7.692	0.000
C11	2.000	0.000	7.692	0.000
C12	2.000	0.000	7.692	0.000

表 5—11 统计了网络中的节点度，从表中可以发现，个人账户往往出度

为 0，表明这些节点一般不与外界联系，而入度（InDegree）一般不为 0。这与公司账户截然相反，公司账户通常具有出度。这在金融洗钱中是非常正常的，很多公司账户将钱通过网上银行将钱转移给个人账户，而个人账户接到这些钱后有的继续通过网银进行转移，而另外的一些账户会将钱通过柜面提现等方法手段变现。

关系图矩阵 Agent 的输出结果如表 5—12 所示。

可以看到测试结果中只有两个条目超过限定的范围，分类的成功率达到了 90.4%，比决策树的结果更好。进一步目前结果通过更好地调整训练集应该还能产生更令人满意的结果，通过进一步细化风险等级，构造一个网络输出风险指数也不是不可行。

检测实验一共包括 1000 个正常金融交易序列数据，在其中 50 个数据中加入异常事件。正常与异常金融交易序列如图 5—17 所示，图 5—18 的异常强度。

表 5—12 关系图矩阵 Agent 的输出

所属行业	法人注册地	企业规模	银行为其提供的服务	洗钱风险期望输出等级	洗钱风险期望区间
0.60927	0.15519	0.25443	0.94909	0.25920	0—0.3
0.44811	0.82572	0.35558	0.36728	0.53952	0.3—0.6
0.71642	0.84760	0.08932	0.96754	0.71356	0.6—0.9
0.09897	0.78347	0.57887	0.54175	0.60847	0.6—0.9
0.66034	0.67862	0.53078	0.49710	0.61788	0.6—0.9
0.75190	0.96716	0.97669	0.05836	0.73466	0.6—0.9
0.90478	0.94316	0.80235	0.55690	0.79620	0.6—0.9
0.13894	0.54574	0.50162	0.27004	0.28051	0—0.3
0.21169	0.26546	0.05870	0.75426	0.15875	0—0.3
0.37272	0.46248	0.55639	0.63905	0.33673	0.3—0.6
0.10692	0.25398	0.80656	0.66407	0.17240	0—0.3
0.01053	0.83029	0.79892	0.72076	0.75789	0.6—0.9
0.36559	0.95435	0.87865	0.82010	0.78517	0.6—0.9
0.50973	0.24776	0.44143	0.75608	0.26643	0.6—0.9
0.15877	0.51313	0.81774	0.98185	0.48332	0.3—0.6

续表

所属行业	法人注册地	企业规模	银行为其提供的服务	洗钱风险期望输出等级	洗钱风险期望区间
0.60698	0.35595	0.55776	0.90382	0.66623	0.3—0.6
0.94320	0.28406	0.45803	0.23076	0.62985	0.6—0.9
0.87252	0.34336	0.38290	0.68871	0.40394	0.3—0.6
0.21471	0.30549	0.91694	0.61136	0.20940	0—0.3
0.19756	0.04239	0.26127	0.44654	0.09325	0—0.3

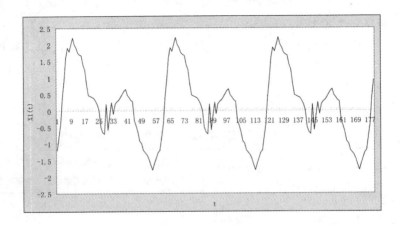

图5—17　正常金融交易时间序列

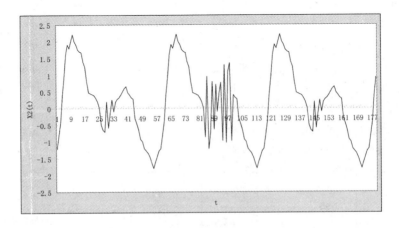

图5—18　存在异常的金融交易时间序列

第四节 结论

传统的反洗钱技术手段主要以大额可疑交易监管为基础来描述和研究金融交易的特征和运动规律，它们往往基于比较苛刻的假设条件，并且是从局部的观点来考察金融时间序列的，而对洗钱的准确判断能力还相当弱，对海量金融数据呈现出外在随机性特征和内在运行机制缺乏有效的识别手段，从而导致数据甄别的高失准率。利用基于 Agent 的熵矩阵关系图挖掘理论寻求从海量数据中挖掘其内在机制，从而实现可疑交易内在特殊机制的自动判别是本领域的一个较新研究视角，也是本书研究的重要内容。通过仿真实验的结果可以看出，经处理后，能够在一个较为明显的阈值内进行洗钱交易行为的判断。

第六章 总结与展望

第一节 本书工作总结

本书的研究主要分三个部分进行。第一部分对反网络洗钱问题进行综述，研究洗钱和反洗钱的国内外现状，分析归纳出其规律和特点，并提出了反网络洗钱的法制对策和技术对策。第二个部分主要研究反网络洗钱的法制对策方面，在研究英美法系、大陆法系等国家以及国际组织的反洗钱法律、制度、公约等的基础上，提出了完善我国反网络洗钱法制的观点及其具体细节问题。第三部分在分析了现有反网络洗钱的技术手段的基础上，提出了基于智能体技术的反洗钱系统框架，以及基于熵矩阵关系图的数据挖掘反洗钱技术并开发了一套仿真实验原型系统进行仿真验证。

第二节 未来工作展望

本书在反网络洗钱领域进行了法律和技术上的一些试探性的研究工作，由于时间和条件关系，所做工作有限，仍有许多相关法制问题需要研究和技术应用需要拓展，具体要考虑以下几点：

（1）如何更充分地考虑到网络对传统立法等问题的冲击，从而进一步完善反网络洗钱的法规；

（2）如何更深入地结合现实经济活动来更灵活地完善反网络洗钱的法规；

（3）如何提高数据挖掘的效率及反洗钱的智能性，从而提高反网络洗钱的准确性；

（4）如何大幅提高反网络洗钱的技术能力及制度的快速反应能力，从而实现实时的反网络洗钱。

参考资料

一　著作类

1. 崔庆森、陈家树：《中外毒品犯罪透视》，社会科学文献出版社 1993 年版。

2. 肖永平：《国际私法原理》，法律出版社 2003 年版。

3. 梁英武主编：《支付交易与反洗钱》，中国金融出版社 2003 年版。

4. 阮方民著：《洗钱罪比较研究》，中国人民公安大学出版社 2002 年版。

5. 莫洪宪：《有组织犯罪研究》，湖北人民出版社 1998 年版。

6. 卢建平：《有组织犯罪比较研究》，法律出版社 2004 年版，第 340 页。

7. 郭建安、王立宪、严军兴主编：《国外反洗钱法律法规汇编》，法律出版社 2004 年版。

8. 李若谷主编：《反洗钱知识读本》，中国金融出版社 2005 年版。

9. 孟建华：《洗钱与银行业机构反洗钱》，福建人民出版社 2006 年版。

10. 肖永平：《肖永平论冲突法》，武汉大学出版社 2002 年版。

11. 李忠信主编：《金融领域犯罪与对策论文集》，群众出版社 1997 年版，第 69 页。

12. 马克昌主编：《经济犯罪新论——破坏社会足以市场经济秩序罪研究》，武汉大学出版社 1998 年版，第 349 页。

13. 鲜铁可：《金融犯罪的定罪与量刑》，人民法院出版社 1999 年版，第 391 页。

14. 赵秉志、吴振兴：《刑法学通论》，高等教育出版社 1993 年版，第 740 页。

15. 杨聚章、沈福忠：《刑法新增罪名研究》，河南人民出版社 1992 年版，第 149 页。

16. 崔庆森、陈家树：《中外毒品犯罪透视》，社会科学文献出版社 1993 年版，第 225 页。

17. 陈兴良：《刑法各论的一般理论》，内蒙古大学出版社 1992 年版，第 286 页。

18. 马克昌：《刑法理论探索》，法律出版社 1995 年版，第 294 页。

19. 赵金成：《洗钱犯罪研究》，中国人民公安大学出版社 2006 年版，第 245 页。

20. 马克昌：《刑法学全书》，上海科学技术出版社 1993 年版，第 889 页。

21. 莫洪宪：《论国际社会反洗钱犯罪》，《刑法论丛》（第 2 卷），法律出版社 1999 年版，第 320 页。

22. 胡云腾：《论金融犯罪》，《法学前沿》第 1 辑，法律出版社 1997 年版，第 87 页。

23. 曹子丹、侯国云：《中华人民共和国刑法精解》，中国政法大学出版社 1997 年版，第 174 页。

24. 梁英武：《交付交易与反洗钱》，中国金融出版社 2003 年版，第 7 页。

25. 米切尔·里费、米切尔·高德：《英国的洗钱犯罪》，王淼、吴肖天编译，警官教育出版社 1998 年版，第 3 页。

26. 阮方民：《洗钱犯罪的惩治与预防》，中国检察出版社 1998 年版，第 47 页。

27. 梁英武主编：《交易支付与反洗钱》，中国金融出版社 2002 年版，第 79 页。

28. 罗结珍译：《法国刑法典》，中国人民公安大学出版社 1995 年版，第 68—82 页。

29. 徐久生、庄敬华译：《德国刑法典》，中国法制出版社 2000 年版，第 124 页。

30. 徐久生译：《瑞士联邦刑法典》，中国法制出版社 1999 年版，第 98 页。

31. 全国人大常委编：《国际反洗钱法律文件汇编》，中国财政经济出版社 2003 年版，第 17 页。

32. 赵秉志等编：《〈联合国反腐败公约〉暨相关重要文献资料》，中国人民公安大学出版社 2004 年版，第 13—14 页。

33. 刘飞：《反洗钱金融立法与洗钱犯罪》，社会科学文献出版社 2005 年版，第 65 页。

34. 杨宇冠、吴商庆主编：《联合国反腐败公约解读》，中国人民公安大学出版社 2004 年版，第 135—136 页。

35. 赵秉志、杨诚：《金融犯罪比较研究》，法律出版社 2004 年版，第 184 页。

二　论文类

1. 莫洪宪、叶小琴：《洗钱罪的若干问题》，《江苏公安专科学校学报》2001 年第 5 期。

2. Genzman, L.. Responding to organized crime: Laws and law enforcement. In H. Abadinsky (Ed.), Organized crime (p. 342). Belmont, CA: Wadsworth. 1997.

3. Anthony Kennedy. Dead Fish across the Trail: Illustrations of Money Laundering Methods. Journal of Money Laundering Control. 2005, 8 (4): pp. 305 - 319.

4. 莫洪宪、郭玉川：《有组织犯罪的界定》，《国家检察官学院学报》2010 年第 2 期。

5. Bank Secrecy Act (BSA), Anit - money laundering Examination Manual, 2001, p. 42.

6. 莫洪宪、邝璐：《毒品犯罪控制政策的经济分析》，《云南大学学报（法学版）》2009 年第 22 期。

7. 莫洪宪、周恒阳：《略论贷款诈骗罪的主体与主观方面》，《云南大学学报（法学版）》2008 年第 2 期。

8. 马克昌：《金融诈骗罪若干问题研究》，《人民检察》2001 年第 1 期。

9. 康均心：《犯罪及其控制的经济分析》，《武汉大学学报（哲学社会科学版）》2008 年第 2 期。

10. 皮勇：《我国网络犯罪刑法立法研究》，《河北法学》2009 年第 6 期。

11. 康均心、刘爱军：《经济全球化下有组织犯罪发展的新特点》，《贵州警官职业学院学报》2002 年第 4 期。

12. 何萍：《洗钱与高科技——洗钱犯罪的新动向：从现实世界到虚拟

空间》，《法学》2003 年第 2 期。

13. 皮勇：《欧洲委员会〈网络犯罪公约〉中的证据调查制度与我国相关刑事程序法比较》，《中国法学》2003 年第 4 期。

14. 陈学文：《网上银行洗钱犯罪的金融防范》，《湖南人文科技学院学报》2005 年第 4 期。

15. 孟建华：《电子银行业务中的洗钱与反洗钱》，《新金融》2006 年第 1 期。

16. 刘颖：《货币发展形态的法律分析》，《中国法学》2002 年第 1 期。

17. 皮勇：《从计算机犯罪到网络犯罪：互联网对刑法的冲击》，《网络信息安全》2007 年第 2 期。

18. 皮勇：《论网络恐怖活动犯罪及对策》，《武汉大学学报（人文科学版）》2004 年第 9 期。

19. 束剑平：《关注利用网络赌博洗钱》，《人民公安》2005 年第 5 期。

20. 陈娟：《我国电子商务发展现状及趋势分析》，http：//www.hzhr.com.cn/xqzx/haoshu/200604/1022.html。

21. 皮勇：《电子证据的搜查扣押措施研究》，《江西公安高等专科学校学报》2004 年第 1 期。

22. 黄胜英：《"地下保单"的性质分析及治理对策》，《保险研究》2005 年第 8 期。

23. H. G. Goldberg, R. W. H. Wong. Restructuring Transactional Data for Link Analysis in the FinCen AI System. In: Proceedings of 1998 AAAI Fall Symposium on Artificial Intelligence and Link Analysis, AAAI Press, 1998.

24. 莫洪宪、郭玉川：《有组织犯罪特征的构成形态》，《犯罪研究》2009 年第 2 期。

25. 莫洪宪、王明星：《中国大陆黑社会性质犯罪的特点及其刑事对策》，《湖北警官学院学报》2002 年第 2 期。

26. 刘秀子、巩光岩：《洗钱犯罪的发展趋势、原因及其对策》，《山东警察学院学报》2005 年第 5 期。

27. 张磊：《洗钱罪研究》，《刑事法评论》第 4 卷，第 228 页。

28. 马克昌：《中国内地刑法与澳门刑法中犯罪未完成形态比较研究》，《武汉大学学报（哲学社会科学版）》2000 年第 1 期。

29. 康均心、代承：《对我国犯罪学研究方法的检视与反思》，《河南公安高等专科学校学报》2008年第1期。

30. 莫洪宪：《有组织犯罪结构分类研究》，《河北法学》1998年第5期。

31. 马克昌：《罪刑法定主义的比较研究》，《中外法学》1997年第2期。

32. 马克昌：《经济犯罪罪与非罪的界限》，《法学》1994年第4期。

33. 肖永平、周晓明：《冲突法理论的价值追求》，《河南省政法管理干部学院学报》2007年第3期。

34. 蒋淑芬：《洗钱防止法之法规范》，《刑事法杂志》2005年第48期。

35. 刘宪权、吴允锋：《论我国洗钱罪的刑事立法完善》，《政治与法律》2005年第6期。

36. 阮方民：《洗钱犯罪的预防与惩治》，《人民检察》2007年第3期。

37. 林欣：《国际刑法中双重犯罪原则的新发展》，《法学研究》1995年第2期。

38. 康均心、赵辉：《经济全球化与有组织犯罪成因初探》，《江苏公安专科学校学报》2002年第16期。

39. 钊作俊：《洗钱犯罪研究》，《法律科学》1997年第5期。

40. 刘宪权、吴允锋：《论我国洗钱罪的刑事立法完善》，《政治与法律》2005年第6期。

41. 胡云腾：《论金融犯罪》，《法学前沿》第1辑，法律出版社1997年版，第87页。

42. 莫洪宪、胡隽：《"经济全球化与犯罪发展趋势"学术研讨会综述》2002年第5期。

43. 杨任荣：《反洗钱国际比较及中国的选择》，《浙江金融》2004年第4期，第23—25页。

44. 肖永平：《论英美法系国家判例法的查明和适用》，《中国法学》2006年第5期。

45. America Criminal Law Review, Money Laundering（Vol.2），1997：pp.796 – 797.

46. 莫洪宪、周娅：《英美刑法之严格责任述略》，《河南省政法管理干部学院学报》2004年第4期。

47. A. J. E. Jaffey, *The Foundation of Rules for the Choice of Law*,（1982）2 Oxford Journal of Legal Studies, pp. 369 –376.

48. Paul Heinrich Neuhaus, *Legal Certainty versus Equity in the Conflict of*

Laws, (1963) 28 Law and Contemporary Problems, p. 798.

49. Richard Card LLM: *Cross and Jones' Cases and Statutes on Criminal Law* (*sixth edition*), London: Butterworths, 1977.

50. Stiglitz J. and A. Weiss. Credit Rationing in Markets with Imperfect Information, American Economic Review, 1981: pp. 33 – 41.

51. Oliver Wendell Holms, Jr.: Common Law. N. Y.: Dover Publication, Inc., 1991, p. 1.

52. C. M. V. Clarkson and H. M. Keating: Criminal Law: Cases and Materials (4th edition), London: Sweet & Maxwell, 1998, p. 196.

53. Akerlof G. The Market for "Lemons": Quality Uncertainty and the Market Mechanism, Quarterly Journal of Economics, 1970: pp. 45 – 61.

54. Arnold H. Loewy: Criminal Law. West Publishing Co. 1975, p. 120.

55. Kegel. Paternal Home and Dream Hone: Traditional Conflict of Laws and the American Reformers. (1979) 27 Am. J. Comp. L. 615, pp. 616 – 617.

56. Bank Secrecy Act/Anti – Money Laundering, Comptroller's Handbook, Revised for Web Publication, 2000: pp. 62 – 71.

57. Molander Roger C., David A. Mussington and Peter A. Wilson. Cyberpayments and Money Laundering: Problems and Promises. Santa Monica, CA: RAND, 1998.

58. FinCEN. The SAR Activity Review, Tips, and Issues (Washington, DC: Financial Crimes Enforcement. Network / Bank Secrecy Advisory Group, 2000: pp. 91 – 94.

59. Tanzi Vito. Money Laundering and the International System. IMF Working Paper 96/55 – EA (1996): pp. 62 – 67.

60. Symeon C. Symeonides. Private International Law at the end of the 20th Century: Progress of Regress, 2000, 44 (9).

61. Dunan Bloy: *Criminal Law* (*2nd edition*), London: Cavendish Publishing Limited, 1996.

62. Andrew Ashworth: Principle of Law (2nd edition), London: Clarendon Press Oxford, 1995, p. 158.

63. Michael J. Allen. Criminal Law (2nd edition). London: Black Stone Press Limited, 1993.

64. Bank Secrecy Act (BSA). Anit – money laundering Examination Manu-

al, 2001, p. 42.

65. H. G. Goldberg, R. W. H Wong. Restructuring Transactional Data for Link Analysis in the FinCen AI System. In: Proceedings of 1998 AAAI Fall Symposium on Artificial Intelligence and Link Analysis, AAAI Press, 1998.

66. Xu D. , Wang H. and Wang M. A conceptual model of personalized virtual learning environments. Expert Systems with Applications, 2005, 29: pp. 525 – 534.

67. Kingdon J. AI fights money laundering. IEEE Intelligent Systems. 2004, 19 (3): pp. 87 – 89.

68. Gao S. , Xu D. , Wang H. , and Wang Y. Intelligent Anti – Money Laundering System. Proceedings of the IEEE International Conference on Service Operations, Logistics and Informatics, 2006.

69. Yu E. and Cysneiros L. M. Agent – Oriented Methodologies – Towards a Challenge Exemplar. In Proceedings of the 4th Intl. Workshop on Agent – Oriented Information Systems (AOIS02), 2002.

70. Wang H. Q. Intelligent Agent – assisted Decision Support System: Integration of Knowledge Discovery, Knowledge Analysis and Group Decision Support. Expert System with Applications, 1997, 12 (3): pp. 323 – 335.

71. Reuter P. and Truman E. M. Chasing dirty money: the fight against money laundering. Institute for International Economics, Washington, DC, 2004.

72. Liu Fang, Lu Zhengding, Lu Songfeng. Mining Association Rules using Clustering. Intelligent Data AnMysis, 2001, 5 (4): pp. 120 – 126.

73. Matrin ester, Alexander frommelt, Hanspeter kriegel, et al. Algorithms and Efficient DBMS support. Data Mining and Knowledge Discovery, 2000, 4 (2): pp. 193 – 216.

74. Wang H. , Mylopoulos J. and Liao S. Intelligent Agents and Financial Risk Monitoring Systems. Communications of the ACM, 2002, 45 (3): pp. 83 – 88.

75. Fayyad U. M. , Uthurusamy R. Evolving data mining into solutions for insights. Communications of the ACM, 2002, 45 (8): pp. 28 – 31.

76. Witherell, William. International Approaches to Combating Financial Abuse and Promoting Stable Financial Markets. Journal of Money Laundering Control, 2002, 5 (4): pp. 257 – 262.

77. Watkins R. C. , Reynolds K. M. , Demara R. , et al. Tracking Dirty Pro-

ceeds：Exploring Data Mining Technologies as Tools to Investigate Money Launde-ring . Police Practice and Researeh. 2003，4（2）：pp. 163 – 178.

78. Bolton R. J. and Hand D. J. Unsupervised Profiling Methods for Fraud De-tection. Conference on Credit Scoring and Credit Control VII, Edinburgh, UK, 2001：pp. 5 – 7.

79. Han J. and Kamber M. Data Mining：Concepts and Technique. Morgan Kaufmann Publishers, 2001.

80. Fan W. , Yu P. S. , and Wang H. Mining Extremely Skewed Trading A-nomalies . In：Bertino, E. et al. （eds. ）. EDBT 2004, LNCS 2992. Berlin Hei-delberg：Springer – Verlag, 2004：pp. 801 – 810.

81. Schneider, Friedrich, and Dominik Enste. Shadow Economies：Size, Cau-ses, and Consequences. Journal of Economic Literature, 2000, 381：pp. 77 – 114.

82. Jason Kingdon. AI Fights Money Laundering. IEEE Intelligent Systems, 2004, 19（3）：pp. 87 – 89.

83. Mooney R. J. , Melville P. , Tang L. R. , et al. Relational Data Mining with Inductive Logic Programming for Link Discovery. Proc of the National Science Foundation Workshop on Next Generation Data Mining. 2002.

84. Resig J. , Dawara S. , Homan C. M. , et al. Extracting Social Networks from Instant Messaging Populations. Proc of KDD 2004 Link Discovery Work-shop. 2004.

85. Shetty J. , Adibi J. Discovering Important Nodes Through Graphy Entropy：The Case of Enron Email Database. Proc of Link Discovery Workshop. 2005.

86. White J. V. Fournelle C. G. Threat Detection for Improved Link Discover-y. Proce of the Int1 Conf on Intelligence Analysis. 2005.

87. Vahidov R. and Fazlollahi B. Pluralistic multi – agent decision support sys-tem：a framework and an empirical test. Information & Management, 2004, 41（7）：pp. 883 – 898.

88. 杨冬梅、吴冲锋、冯芸：《金融网络中洗钱资金异常转移路径的经济成本模型》，《系统工程理论与实践》2006 年第 5 期。

89. 卢正鼎、王琼：《基于相似度的离群模式发现模型》，《华中科技大学学报（自然科学版）》2005 年第 1 期。

90. 汤俊：《基于客户行为模式识别的反洗钱数据监测与分析体系》，

《中南财经政法大学学报》2005 年第 4 期。

91. 张成虎、孙莹莹：《基于范例推理的反洗钱系统设计》，《中国金融电脑》2006 年第 10 期。

92. 孙小林、卢正鼎：《基于反洗钱应用的一种有效的增量聚类算法》，《华中科技大学学报（自然科学版）》2004 年第 11 期。

93. 张成虎、高薇：《基于朴素贝叶斯分类的可疑金融交易识别研究》，《情报杂志》2006 年第 11 期。

94. 张成虎、黄柯：《基于智能代理技术的反洗钱应用系统》，《中国金融电脑》2006 年第 4 期。

95. 崔颖安、崔杜武：《基于多 Agent 客户识别的反洗钱系统研究》，《计算机工程》2007 年第 4 期。

96. Barse E., Kvarnstrom H. and Jonsson E. "Synthesizing test data for fraud detection systems", Proceedings of the 19th Annual Computer Security Applications Conference, 2003, pp. 384 – 95.

97. D. Hawkins. Identification of Outliers. Chapman and Hall, London, 1980.

98. Buhrman H, Li M., Tromp J, et al., Kolmogorov Random Graphs and the Incompressibility Method. SIAM Journal on Computing, 2000, 29 (2): pp. 590 – 599.

99. Wen jin, Anthony ICH. Tung and Jiawei Hart. Mining Top – n Local Outliers in Large Databases. KDD 2001 San Francisco, California USA.

致　　谢

　　本书是在导师莫洪宪教授的悉心指导下完成的，倾注了莫老师的大量心血和宝贵时间。在博士后研究阶段，导师严谨治学、不断探索的科研作风，敏锐深邃的学术洞察力，孜孜不倦的敬业精神，给我留下了深深的印象，使我受益匪浅，是我今后学习的楷模。借此机会，我要向莫老师致以最诚挚的敬意和最衷心的感谢！

　　感谢"中国博士后科学研究基金"对本课题的资助，正是由于该基金的资助，我才能有可能完成本书的研究工作！

　　感谢皮勇教授对我的指导，感谢谭运猛、彭冰两位教授的热情帮助。我还要特别感谢熊志强博士对仿真实验的帮助，本书中许多部分的工作是他们努力的结果。

　　感谢广州市萝岗区人民法院的各位领导和同事，在这两年的学习和工作中，他们的无私帮助使我得以顺利完成博士后研究。我还要感谢广州市人大内司委的陈永平博士为完成本书给予的帮助。

　　感谢广州市越秀区人民法院叶三方院长，他在担任萝岗法院院长期间，为我完成博士后研究工作提供了物质和精神上的大力支持，才使我有了今天的成绩。

　　感谢在百忙之中审阅本书的专家和学者，感谢您们对本书进行了认真的评阅和批评指正！

　　感谢我的妻子宋书琴和女儿付翊彤，感谢你们多年来为我做的一切，所给予我的理解、鼓励、支持和无私奉献！

　　最后，再次感谢所有给予我关怀和帮助的师长、同学、朋友们！

作　者

2011 年 8 月